孫・子の世に贈る

仏教入門

先人の智慧に学ぶ成功の道しるべ

宇野弘之 著

山喜房佛書林

第三章　大乗仏教のこころ

序に寄せて

新春より著名人の御逝去が目立った。ニュースは時、所を選ばぬ「諸行無常《しょぎょうむじょう》」「自然《じねん》法爾《ほうに》」を知らす。俳優の市原悦子さん八十二歳寂、哲学者梅原猛先生九十三歳寂、いずれも長寿の人生である。

年末年始、季節の変わりめには往生の素懐を遂げる人、寺の檀信徒、有縁者も多い。

太陽は、東から昇り西へ沈みゆく。自然の法則、道理の前に、人間の力の及ぶところではない潮の満ち引き、宇宙自然の力のあることが知らされる。

自然法爾の道理の事実である。

人間が生きられる「生存の時間」は、概《おおむ》ね決まっている。なぜか本人にはわからない。

癌で若死をする人や多くの健康長寿者も生存する。

昔は、「人生七十年古来希なり」、七十歳まで生きられる人は稀であった。

百歳万歳の長寿社会になっても構造上の「老病死の人生行路」は、確実に進む。元気なうちに宗教的覚悟を決めて、老いを迎える。宗教的覚悟、智慧による生き方が大切なのであろう。

古稀を超え初期高齢者になれば、ぼちぼちお墓も考えねばならぬ年齢である。私自身は、子供たちに、阿弥陀寺の本堂の室内納骨堂に安置して、本堂前の親鸞聖人の銅像横に銅像かお墓を作るように日常茶飯事に語る。

親鸞聖人同様に、九十歳までは生きることを望んでいることを、必ず一言伝えることにしているが、天寿はわからない。

「そんなに長生きするの」と、子供たちはびっくり顔をする。

長生きを願うならばタバコをやめ、お酒も百薬の長の範囲の一合まで。医食同源、和食、野菜を腹八分。七分になれば、五kgは痩せる。一日二十分以上適度な運動を行うことが大切と健康長寿の日常生活の智慧を語る団欒《だんらん》のひとときでもある。不老長寿を願うのは生きとし生ける者、皆の願いであり、健康長寿は、誰もが皆希望するところであろう。

そのような新春の日々にあって、大器晩成を願う私共の人生は、まだまだ続く。涅槃寂静に入れば、どんな人柄であったか、人々は評価することであろう。

時空を超え、悠久の時を経て、今日まで人々に生き方を諭す先達《せんだつ》の今現在説法《こんげんざいせっぽう》は「すごい」と思うが、あの人はこんな人柄であったと語られる「存在の輝き」とは一体何であるのか。

ブッダが、『仏説阿弥陀経』で舎利弗《しゃりほつ》に語る言葉には「青色は青く光り、白色は白く光る」と、人はそれぞれ輝きを発してその人らしく輝く存在の素晴らしさが、人それぞれにあると語られる。実存哲学者サルトルが語る「存在と無」の人生であっても、その存在のその人らしさとは何かとふと思うことであろう。

生き方である。

若い時から今日まで、自分の人生の足跡を振り返って、何か社会貢献や業績というようなものが何かあるのかと、生涯をふりかえり、足跡をふと思うことがあろう。前世の因縁もあり、現世に影響を与える因果律もよく知られる。

一年の計（計画）は元旦にあり、今年一年の抱負は何なのと自問すると、「もう七十五歳ではなくまだまだ七十五歳」と、気構えを自分に言い聞かす。

毎日が日曜日でやることのない酔生夢死《すいせいむし》の人生に生きる人の老いは早いが、何か行いたいことのある人は、体力は年齢相応としても、気力は、若者の如くその意気込みが青年の如く、心身とその健康をも支えることに間違いはなさそうである。その意味でお正月の一年の計、今年一年の人生計画、抱負は、すこぶる大切であると言えるであろう。

モラトリアムの時代を終えて、人生の光、善なるもの、それが為に生き、それが為に死ぬことができるようイデーを見つけ、自らの生きる道に捨身で専念する、いわゆる勇猛精進の猛烈な人生のスタートがあろう。

二十四歳から一宇建立を願い、浄土真宗阿弥陀寺の開基に専念し五十年に及ぶ開教の日々を日夜過ごしたが、夢は単に希望であり現実ではない。心の中の想い、希望である。その構想力が、念願成就の願いと共に発願回向、初発心としての出発点となり、夢によって可能性が現実化へと進展する。

寺は、元々そこにあるものと考えがちである。

お寺の住職を希望して、初心を忘れず、首都圏開教に五十年専念し、坊守と共に金婚式を迎え定年のない住職道に今日もあるのだが、善根を植えて疑わぬ、種をまきそれを育てる日々であったと思える。

高度成長の経済発展、臨海工業地帯の発展と共に他府県から流入人口が増加し、親鸞崇敬寺院の少ない当時の千葉県、船橋郊外の新興住宅地と県庁そばの千葉寺町に布教所を構えたのは、二十四歳の若き日であった。人に信を立てて、よき師の指南を信じ教えの通り実践すべく、昭和四十五年に船橋市の一軒家に布教所の看板をあげたのが、千葉在住の御縁であった。

五島宗宣師は、開けゆく田園調布駅そばの畑の中に浄行寺と銀の鈴幼稚園を開基、開花結実し、その成功の道しるべ、叡智をよく私に語った。同郷の岐阜県出身の聖徳大学の川並孝順師の戦後幼稚園からの学校事始めの苦労話もよく耳にした。

「桃栗三年柿八年」と因果律を信じ、夢叶うと信じて人生を不退転位で進むことの大切さ、一念発起、夢実現に向けての旅立ちを師はすすめた。

小著『印度仏跡を尋ねて』（布教ブックス）にもある通り、日本仏教鑽仰会の大阪代表の従兄弟《いとこ》の井上文克妙信寺住職一行十五人と四十日にも及ぶ憧がれの印度仏跡参拝の旅路に参加して、十三世紀に仏教が亡び、心身ともに貧しい釈尊の後継者のインド人の生活を目にして、仏教興隆を願ったことも開教のきっかけとなった。この驚天動地のインドでの体験が私の生き方を決定づけたとも思える。

十三世紀に仏教が滅亡したインドの現実にインド哲学を専攻研鑽した私は、帰国後、日本の仏教が衰微滅亡《すいびめつぼう》の末世を迎えたら印度同然になるのではないかと、仏教興隆を願ってブッダの浄土三部経説法の地、インドの霊鷲山を山号に、阿弥陀寺布教所の看板を船橋市高根町の住宅街に掲げたのである。

その三年後昭和四十八年に千葉県庁近くの現在の境内地に千葉阿弥陀寺の種をまき、開花結実、念願成就を夢見たのである。

念ずれば花開くと、一途に入天竺の僧として住職道に専念し五十年、今日を迎えた。

その頃船橋市の高根町には元死刑囚麻原彰晃が在住していたという。この話は後にお聞きしたことであるが、もし遭遇していたらと鳥肌が立った。

仏教の教えも間違った私見に執着した解釈をするととんでもない方向に向かい、人命軽視の人生を形成してしまうもので、正しい叡智の継承が、社会問題を起こさぬ幸いにつながったと、時空を超えた仏教に生き方を求め巡りあったその智慧の遭遇に感謝〳〵の日々である。

発心《ほっしん》ありて寺院形成、開花があり、寺ありて今日の暮らし万般があると思われるが、寺を主軸に大乗仏教の利他行の社会貢献を願って忘己利他《もうこりた》の敬老事業活動も展開した。

一、社会福祉事業

社会福祉法人うぐいす会の設置

特別養護老人ホーム誉田園、ケアハウス誉田園、精神障害者の社会復帰施設等、社会福祉事業の展開である。

社会事業は父の夢であった。事業に成功したら社会貢献としての社会福祉事業の夢を語っていた父であったが、夢叶わず。その父の夢を叶える意味もあって高齢化社会到来に先駆けて、昭和六十三年、地域社会貢献をテーマに、私財を投入もして特養誉田園の開園と相成った。

社会福祉には、高齢者福祉・児童福祉・障害者福祉・地域福祉の分野論があるが、社福うぐいす会は、高齢者、障害者福祉施設としての開園、展開となった。

（社福）思いやり福祉会にて「ちはら台東保育園」「ちはら台南保育園」「誉田おもいや

り保育園」等々いわゆる児童福祉分野を展開することにもなる。

地域福祉の展開

介護老人保健施設船橋うぐいす園は、医療法人社団シルヴァーサービス会の設置となり二十周年を迎えている。

うれしかったのは天皇陛下の誕生日に特養誉田園に県唯一の恩賜金を頂き、職員一同二十四時間介護、年中無休の園の長年の努力に対して賜った栄誉であったと、スタッフ全員がその労が報われたと笑顔を示した。

「例え草葉の蔭に腐ちるとも」無冠の生涯を考えていた。

敬老事業には、恵まれた人々の入居する有料老人ホーム事業もある。

「一年中敬老の日でありたいそれが敬老園の心です」と、健常型要介護型を県内及び札幌、武蔵野と高齢社会到来以前の初期段階に十園を設置し、「お年寄りを大切に父母同然の介護、皆仲良く和」を園訓に開園した。

札幌敬老園は、要介護状態になれば病院へ入院処置をとっていた当時の他園の処遇に、人間は健康の時ばかりではない。加齢が進めば要介護状態になると、介護棟を併設して「老後が安心」と人々に歓迎され、人気の的となった。お蔭様で今日もその評価は継続している。

千葉県は社会福祉法人の有料老人ホーム経営は認めないため、お寺経営の有料老人ホーム展開となり、寺の信用で今日まで、安全経営運営を継続している所以でもある。

一、幼児教育を始めとした教育事業

可愛い子供たちの能満幼稚舎を三十三人の園児にてスタートしたのは昭和五十三年であった。昭和六十一年学法化新園舎が完成、その後平成三年ちはら台幼稚園、続いてまきその幼稚園、おゆみ野南幼稚園が誕生した。

国の保育所利用待機児童解消保育提供量拡大政策により「ちはら台東保育園」「ちはら台南保育園」「誉田おもいやり保育園」の開園と相なった。幼稚園・保育園は次世代を担う子供たちへのプレゼントであると考えている。

「揺り籠から墓地まで」（べバリッジリポート）ならぬ五十回忌までの霊園事業も展開し、

それに加えて吾が著述活動の日々は、いつの間にか四十冊以上に及ぶ単行本刊行となった。親鸞・蓮如の宗教的著述を始めとし、少子化や環境問題を扱った社会問題の著述等をも著わして久しい。

最新の著述に『国家アイデンティティ　人命救助論序説』（山喜房佛書林刊）、救命日本一の地域社会を願っての副題があり、人命救助の実践哲学序説として、自然災害の多い二十一世紀にあって、最も大切な命の尊さ、大切さを指摘した我が国初めての人命救助論と思う。

今後人口減少社会の日本、その対応策ふる里活性地域おこし論「ふる里創生研究序説」を著したいと企画している。

首都圏の人口が増加し、地方は若者の在住が減少し超高齢社会に変貌を遂げつつある。その地域社会に若者が定住し、ふる里が活性化するその政策や町おこしについて論述を試みたいと願っている。

拙著『ストップ・ザ・少子化』（国書刊行会刊）は、過去の日本社会の少子化克服人口増回復の叡智を語ったが、ふる里創生は可能であると成功の叡智を史実が示している。少子化は克服できるのであろうか『ふる里創生研究序説』近刊にて、語って見たい。

序章　先人の智慧に学ぶ成功の道しるべ

第一項　仏教入門の頃

人生わずか五十年と言われた時代、人間が生きられる時間は二万日程であった。その一生、一日八時間は、睡眠時間であった。

百歳万歳。長寿社会の到来、百歳以上の長寿者が七万人と昨年より一万人増えた。

釈尊は「生老病死《しょうろうびょうし》」(「生きること」「老いること」「病むこと」「死すること」)、この人生構造を菩提樹下で悟り、人々に人間の一生として、避けることのできぬ四苦を明示し、老病死の人生行路である。と、大切な一日〳〵を積極的に生きることを諭した。

長寿社会にはなったが、「一人称の死」は、今日も避けては通ることができない存在の姿である。

人は、若き日、生命の絶頂期に死の淵を覗きこむと言うが、十八歳の時、愛知県より上京して、間もなく、私は、高校三年生の時、手術した盲腸の癒着の再手術を受けることになった。一人手術台の上で、医大を出たばかりの若い医師二人による小さな診療所での手術は心細かった。「諸行無常」の自己存在を感じ、生と表裏一体の一人称の死を悟り、覚悟した。終焉のある自分の存在に目覚めた。それ以来、生死度脱を願い、有限なる人生行路を超えて無限なる永遠に生きられる道はないかと、先人の智慧を求めて、人生一大事の解決の道の探訪が始まった。

生死一如《しょうじいちにょ》の自己の存在を覚醒し、痩せたソクラテスの哲学的思惟、叡智探究の思索の旅が始まったのである。

悩み多き思春期の人生行路にあって有楽な浄土願生《じょうどがんしょう》を希求し、若き青年の宗教的課題克服の求道生活がまさにスタートしたのだった。

「この人生、自分はどう生きたらよいのだろうか」

自分の生き方、道標も決まっていず、アイデンティティ形成不全の自分が本当に行いたいこと。イデー未発見の状態であり、灯りが見えぬ暗中模索の日々であった。

それが為に生き、それが為なら死すことも出来るようなイデーの発見、心の糧《かて》を獲得し、初志貫徹、一意専心、自分の生き方を確立することができたらと私は、「先人の智慧に学ぼう」と仏教書を愛読する日々に舵を切り替えた。

中世鎌倉、室町時代の日本には印刷技術がなかった。その為、高僧たちは皆、経典や聖教を筆で書写し、繙《ひもと》く生活であった。

心の糧、依りどころがないと、人は一本の葦のように弱い。風雪にも耐えられぬ。挫折してしまうであろう。人生には哲学が大切である。

「人生は生きるに値するか」生きる意味を求めて青春の日々は、やせたソクラテスの如く、悩み多き人生行路であった。

仏教入門と意気込んで見たものの、自分は「果たして厳しい仏教のザ・修行ができるのか」

禅宗寺院の山門の前に一人立って、果たして修行に耐えられるだろうか。

自問自答した。一求道者として仏教の叡智に、生死度脱の道を学び悟ることができたらと、寺の山門、その入口迄たどりついたものの、仏教はザ・修行であり、解脱の叡智を身につけ悟りを開く厳しい修行がある。その修行には、それ相応の覚悟が必要ではないか。宗教的覚悟は大丈夫か。そう自分に尋ねた。

その時、「己《おの》が能《のう》を思量《しりょ》せよ」という、どこからか天の声が聞こえた。

「自分の能力を考えること」「汝自身を知ること」が大切である。

「厳しい仏道修行、いずれの行も及び難き身ではないか」

自分の能力を考えて見ると、誰にも得手不得手があり、万能な人間は少ないであろう。むしろ「自身は煩悩具足《ぼんのうぐそく》の凡夫《ぼんぷ》」であり、厳しい修行に耐えられる能力もない、いわば「救われざる類《たぐい》のわれら」ではないか。

そのような「愚かなわれら」に救済の道はあるのか。

鎌倉時代の祖師たち、道元《どうげん》、栄西《えいさい》禅師、弘法大師《こうぼうだいし》、日蓮聖人《にちれんしょうにん》、法然上人《ほうねんしょうにん》、親鸞聖人《しんらんしょうにん》、先達が見事に日本仏教衆生《しゅじょう》救済《きゅうさい》道を展開している。

ここに自分の生き方、頷《うなず》ける仏教の叡智発見があるのではないか。

大乗仏教《だいじょうぶっきょう》は、諸人の救済を願う救済道である。その救済道に二道、聖道門《しょうどうもん》と浄土門《じょうどもん》がある。概念的であったが、浄土門の仏教に「われらの救いがある」ことを察知した。ザ・修行は及ばず。救われざるわれらに救いを与えるのは浄土教ではないか。漠然とそこにわれらの救いがあると覚醒《かくせい》した。

身近な親鸞聖人の教え、生死度脱の道、仏教の哲学的思索展開に関心をもち、その著書、聖教も繰り返し読んだ。

耳をさわり、尾っぽをさわり、これが象かと全体像が見えぬまま、大学四年、更に大学院博士課程五年と九年間の歳月、東洋大学で仏教学を学び、学問を通して仏教の叡智を学んだ。

大切な求道の日々、ふりかえると、人間の心得を身につける心の糧発見の旅であった。人としての生きる喜び、生甲斐、それは人生成功の道しるべ、智慧探究の学びの大切な日々である。

奨学金で学業を続ける日々、働かざる者食うべからず、厳しい時代に生きた親戚からは「道楽息子よりたちが悪い。経済力が乏しいのに、なぜ就職して働かないのか」とお叱りも受けた。

貧乏はつらかったが、「今に見ていろ僕だって」と苦学生は歯を、食いしばった。

研鑽の日々は、「モラトリアムの期間」で、言ってみれば生き方を考える大切な人生の猶予《ゆうよ》期間である。本当に自分がやりたいことが見出せない状態の日々であった。父の励めた社会福祉学専攻の学生からインド哲学、仏教学に二年生の時、転科した私に、「僧侶か教員の道しかないぞ」と、父は老婆心を示し、卒業後の社会生活を危惧《きぐ》した。その教師の道はどんなものか。高等学校の社会科教師は狭き門であった。

そのような状況にあったが、母校愛知県立豊田西高校で教育実習に臨み、恩師にお世話になった。日教組が教員を支配していた時代であり、先生方の集会の姿を見て、教育現場に魅力を感じられず、社会科教師の道は断念した。

大学の教授への道は、皆の憧れであった。大学院にはオーバードクターが溢《あふ》れていて望み薄に思えた。大学教授の道、インド哲学仏教学の学問は、語学力が必要である。インド古代のサンスクリット語、パーリー語、チベット語、仏教漢文、英語、ドイツ語、フランス語等の語学力も文献理解の為には必須な、いわば文献学である。

「己が能を思量せよ」という親鸞聖人の言葉が忘れられず、どう生きたら良いだろうか、生き方を求めて懊悩《おうのう》した。

その頃、私は姉と世田谷区東玉川の貸家の二階に間借りして暮らしていた。廊下のある八畳間だった。姉は、浄行寺附属銀の鈴幼稚園に奉職し教諭をしていた。

大学で学問としての仏教を学ぶ青年であった私は、実践仏教は全く未知な領域であった。

昭和初期、東洋大学で父と同窓生であった五島宗宣浄行寺住職に出会い、無明《むみょう》長夜《じょうや》に灯りがともった。

よき師は、小石川で説教師をしていた或る日、法務の途中、田園調布駅に降り、住宅が建ち開けてゆく新開地に一宇建立を発願し、花開き念願が成就し、一宇建立の成功を治めた先達であった。その住職道の叡智を心に留めた。

お寺はもと〳〵そこにあるものを考えていたが、いつの時代か誰かが発心し、建立を願ったサクセスストーリーがそこにあることを知った。

首都圏開教、一宇建立の道、住職道のある事をお示し頂き、借家でもよいから寺の布教所の看板を掲げ、一願建立の道を進むことの御教示、御廻向を頂いた。

人に信を立つ。自信にあふれ、光り輝くよき師を信じた。

高度成長を遂げ、首都圏は新しい住宅街が建ちつつある船橋市には、真宗寺院が皆無であることを浄行寺の居間にあった『寺院録』で知った。

昭和四十五年、よき師の仰せの通り、東京のベットタウンとして開けゆく船橋市の郊外に「阿弥陀寺布教所」の看板を掲げ、愛知県から父を呼び寄せ、親子二人で二人三脚の開教生活が始まった。

報道にて「仏事相談室」が地域に知れ渡り、法話会には一人二人と参詣者が訪れ始め、県庁にお寺の法人登記も行い、文字通り「浄土真宗阿弥陀寺」の礎、宗教活動の日々が始まったのである。

大学院修士の時、論文主査指導に当った恩師勝又俊教教授も東大で無給助手の時代があり、お寺があって学問探求が続けられたことをお聞きし、自分もお寺がほしい。生涯好きな学問、仏教探究の道も可能になると希望に燃えた。

桃栗三年柿八年。

善根を植えて疑えば花開かず。

種を植えれば実が成る。それが自然の法則である。

桃栗三年柿八年。草も取り、肥料や水をやり、大事に育てれば桃栗は三年、柿は八年で実が成る。

花が咲き実がなる事を疑ったら、花は咲かず時として枯れてしまうと、仏教は因果応報因《たね》と果《み》の不二の関係を教え諭す。

石の上にも三年。

三年の歳月どうすごすか。

私は学習塾を始めた。

「高根英会話学院」と名づけ、自宅のみならず、幼稚園をお借りしたり、親しい人の自宅をお借りしたりしていろ〳〵な方のお世話になった。数多くの幼、小学生が学びに訪れ、英会話のいろは、それに国語、算数等の宿題、学習、成績向上をめざした。

大手学習塾が多々出現し、一宇建立が主目的であった為、五年程で塾経営を止めて本題の寺院活動に専念した。

龍が天に昇る光景を目にした。多忙な寺の法務となった。

第一章　夢を持つことの大切さ

第一節　夢叶う　一心に念じ願うこと

私たちの人生、人間としての一生には、自分の好きなことを一つ見つけることが大切である。

心理学では「アイデンティティの形成」という。

本当に自分でやりたいことを発見することが、人生の充実にとっても大切なことであり、仏教語では「発願《はつがん》」と言い、一心に心に念じ願うこと、その願い、夢、希望をもつことの大切さを論じている。

夢希望をもっと念願成就《ねんがんじょうじゅ》、夢は叶う。

夢見ることとなく、何の願いも持たずに一生をすごす人もいる。お酒に酔い、それが段々とエスカレートして一升でも飲める酒豪となり酔生夢死《すいせいむし》の人生、一生をすごす人もいる。

お酒のせいで血管は老い、肝臓機能も低下、時として癌になり、気づいた時にはお酒も飲めなくなる。

不健康な生活が、命とりにもなる。

医学書にあるように、お酒一合まで。百薬の長にもなるし、飲みすぎると依存症にもなり、病気を誘発する。

不飲酒《ふおんじゅ》と言って、飲まない方が失敗もないと、釈尊は五戒で戒めている。

せっかくの人生行路、親から授かった尊い一生を酔生夢死の一生で終えてしまうのは、もったいない話である。

私たちは真実一路、夢、希望のある人生を進むべきであり、夢を持たないと、夢が叶うということはない。このことをまず知る必要がある。

桃栗三年柿八年という諺《ことわざ》の通り、桃栗は三年で実がなる。

柿は八年かかる。

石の上にも三年というが、夢実現に向かって努力していると、三年で希望が叶い、夢が実現する。

なぜかと言うと、それは自然の法則、摂理によるからである。それを因果律《いんがりつ》という。

種をまいて、肥料を与え、草をとり、成長を見守り、桃栗を大切に育てると、三年で結実、実がなる。

その間、因果《いんが》の道理《どうり》、自然の法則を信ずるしかない。

目には見えないが、必ず実が成る。摩訶《まか》不思議である。

夢叶うと信知して、傷つけず、大切に育てて、収穫の時を迎える。

夢叶う人生行路を進むこと、夢実現を心から念ずることである。

若い時だけでなく、壮年、高齢になっても夢をもつこと。夢に生きることが大切である。

ここに大器晩成《たいきばんせい》という成就もあり得る。

「初心忘るべからず」と先人たちは教訓を残す。初心を忘れてはいけない。初心は忘れやすいが、初発心《しょほっしん》を貫いて生きる。すると、願ったことが叶う。そして生きる喜びも与えられる。

疑ってしまいがちであるが、「善根《ぜんこん》を植えて疑えば花開かず」。

疑う姿勢は、草を茫々《ぼうぼう》と生やし、それでは樹木に栄養がゆき渡らず、実が成らない。

見えないが、自然の実のりを信じて、樹木を大切に育てる。そこに自然の道理、力が作用して花が咲き、実が成るという念願成就の人生がある。

夢希望もない人生でなく、夢希望実現を積極的に願う人生、それは、譲ることのできない真実一路の信条である。

アイデンティティ形成不全は、生きる意味を喪失、生甲斐を奪い、心の病を生じさせることもあろう。アクティビティ、生きる活力、心の糧不在の生きる屍の状態の人間、私たちは自分の大切な行いたいことを一つを見つけ、それを行うこと、ここに希望のある人生の出発点があろう。

初心を忘れず、常に志した時の意気込みと謙虚さをもって、初心を忘れず貫く。

強い信念をもち、貫き生きること。

ここに、念願成就《ねんがんじょうじゅ》、大器晩成《たいきばんせい》の道があり、開花結実《かいかけつじつ》の夢叶う人生行路がある。

非現実的であっても良い。突飛であっても良い。夢希望のある人生を道標に向って歩む。

そこには、人に生まれた喜びも人生の充実感もあろう。身近な大切なこととして、目を覚ましてほしい大切な人間の心得でもある。

第一項　初発心《しょほっしん》

アイデンティティの形成、思春期の私たちは、それが為に生き、それが為ならば死ぬことができるようなイディを求め、自らの生き方、心の依りどころの思索を行う。

自分が本当に行いたいこと。その発見である。

一つでよいが、精魂を込めて専心専念取り組むことのできる一貫性のある目標に向かって念願成就の道を不退転位で進むことが大切である。

若い時、私は仏とも法とも思わぬ無信仰、世によく多く見られる人たちの一人であり、鬼のような心持ですごしていた。心も貧しかった。

十八歳の頃、二男坊の私は、家督を継ぐことはできぬ。大学では何を勉強しようかと思い悩んだ。

何事にも習い始めの初心の頃があるが、入門のいろはの門を叩《たた》く。

そんなある日、ふと、父の本棚に一冊の仏教書を見つけ、手にして見た。

『救済観』佐々木月樵《ささきげっしょう》著（明治三七年刊）であった。

門外漢の私であったが、百二十頁程の小著を読む機会に恵まれた。

その著書には、

『人生とはなんであるか。人生はその実、実際の問題であるから、実際上より、我人生如何と省察すべきである。

人生とは唯生まれ、活きて、死んでゆく迄の総和である。

人間は必ず生まれて活きて死んで行く。

所謂、人の一生は「生」「死」の二点を連携したる一線たるに至っては、皆同じことである』

初めて師の人生論に接し、

「人生終局は白き墳墓。唯白骨のみ残れり」

私たちは日々は、片時も休まず死の方向に進行しつつある。

説明された所は何人も争われ得ぬ人生に於ける一大事である。

人々の人生の帰着が何れも皆、死であることを確認し、名著に接して、何か大切なことに目覚めた思いのする驚天動地の体験であったことを思い出す。

生老病死《しょうろうびょうし》、生死度脱《しょうじどだつ》の課題が私たちの人生にあることを自覚した。

第二節　私たちは如何にして仏教徒となるか

第一項　三宝帰依《さんぽうきえ》の心

ゴータマ・ブッダ、釈迦牟尼世尊《しゃかむにせそん》が、お元気な頃、仏門に入門する時、門弟は必ず釈尊の足元にひれ伏し、五体投地《ごたいとうち》をし「三帰依文《さんきえもん》」を唱え、その後、入門が許されたという。仏教徒になることが決定する根本条件、仏Buddhaと法dharmaと僧Sanghaの三宝に帰依、信じ敬う。仏と仏の説かれた教え（法）とその教えを奉ずる教団（僧）とに帰依する。

三宝に帰信、口に三宝帰依文を唱えることが仏教信者になるの第一歩であった。

三宝帰依のこの仏門入門の姿勢は、今日も変わっていない。

帰依の帰は「帰してそのところに至る」ことを意味する。

親鸞聖人は、仏の本願をたのむ、よりかかると『教行信証《きょうぎょうしんしょう》』行巻に「南無之言帰命。帰言（至也）又帰説也」と解釈をし、説明を加えている。

依は、心のそのより所である。信心の誠をささげることが、仏教信者となる第一条件であると言う。

如何にして仏教徒となるか、その大切な姿勢を示している。

南アジアの仏教ではパーリ語で、

Buddhaṃ saraṇaṃ gacchāmi
Dhammaṃ saraṇaṃ gacchāmi
Saṅghaṃ saraṇaṃ gacchāmi

と三度唱え、

帰依仏《きえぶつ》
帰依法《きえほう》
帰依僧《きえそう》

を唱えて、仏教徒になることが決定する。

人身《にんじん》受け難し
仏法聞き難し

この身今生《みこんじょう》において度《ど》せずんば、さらにいづれの生《しょう》においてかこの身を度せん。大衆もろともに、至心《ししん》に三宝《さんぽう》に帰依《きえ》し奉《たてまつ》るべし。

南無帰依仏　南無帰依法　南無帰依僧

と礼拝をする。

私たちには、誰にも皆父あり、母あり、母胎、胎内からうまれる。人間の世界に生まれるということは、余程の縁である。人の身受け難し。人間に生まれることを決定する因となる行為、業因《ごういん》がある。

五戒を保ち、五つの戒めを守る戒律、在家の仏教信者が守る大切さを諭し、人に生まれた人は高徳の人であるという。

（一）生きものを殺さない
（二）盗みをしない
（三）男女の間を乱さない
（四）嘘をつかない
（五）酒を飲まない

修行によって得た力、功力《くりき》によって受け難い人の身を受けると、昔の人は考えた。

人としてこの世に生まれることは、悪いことをせず、その人の徳によるものと思惟する。ほかの動物生きものに生まれてきても決して不思議ではない。インド古来の考え方に輪《りん》廻《ね》転生《てんしょう》、人々は果てしなく迷いの世界に生まれかわり、死にかわりして、車輛のめぐるようにとどまることのない生存の形を繰り返す。

生死流転《しょうじるてん》の原因となる悪業《あくごう》、人業（人間の行為）、業因《ごういん》、前世で積んだ悪業苦楽の果報を招く因となる善悪の行為があり、人として生まれ、更に聞き難い仏法に恵りあい、聞法できることは余程の仏縁《ぶつえん》である。

親鸞聖人は「たまたま行信を得れば、遠く宿縁《しゅくえん》を喜ぶべきなり」と語る。

人には最も重要なる「自己の存在」という問題がある。

自己の存在を感ずる。

自己の解明、この問題の考究から万般が出発する。自己凝視、自己探究、そう、その人間観である。

人間には宿業《しゅくごう》がある。この宿業を実感することが求められている。

過去世につくった善悪の行為、現世、又は来世に応報を招くもととなった前世の善悪の行為、現在の善悪を決定する拘束的な強い力、どうすることもできない根本的な拘束力がある。人間としての罪深い行為、罪業《ざいごう》である。

つくった罪の深く、極めて重い罪悪、深重の業の深い人間存在がそこに存在する。

戦国時代の戦い、第二次世界大戦等、人間は残虐な行為を平気でする生きものである。

「卯毛、羊毛のさきにいる塵ばかりも、つくる罪の宿業にあらずということなしと知るべし」(『歎異抄』第十三)

業が深いという人間存在の一般認識である。

煩悩具足《ぼんのうぐそく》の凡夫《ぼんぷ》という人間観、救済観であろう。

第二項　凡愚のわれら

人間は、生まれによって評価されるべきでなく、その行為によって評価されるべきである。

永遠に救われざる者としての自己が浮かび上がり、その自覚に目醒める。

われらは聖人君子《せいじんくんし》にあらず、煩悩具足《ぼんのうぐそく》の凡夫《ぼんぷ》である。

戒定慧《かいじょうえ》の三学。戒は、善を修め、悪を除くこと。定は、心身の乱れを静めること。慧は、証得《しょうとく》することである。

戒定慧の三学は、わが身に耐えることができるものではない。われらはいづれの行も及び難き身である。

永遠に救われざる者の自覚、われらは煩悩具足の凡夫であり、聖人君子にあらず。この凡愚の自覚、その実感がある一人称の私、その私たちに往生を願求する心が生じ、真実なる願生浄土の心が生まれる。

親鸞聖人は、煩悩具足の凡夫という自己覚醒《じこかくせい》、目覚めによって自己の道、自己を生かす真実の道、浄土願生《じょうどがんしょう》、われらの浄土往生の道に目覚めた。

一向にこの浄土に進んで生きんとする発心、出発の心を得られた。

世の中にはいろ〳〵な思想の人間がいる。

人は、その行いにより、人を救う人、殺害する人、わがもの顔で横領をする人、オレオレ詐欺をする人など、性善説のみでは人間を把握することができない実態があろう。

釈尊在世当時、中インドには六人の自由思想家、六師外道《ろくしげどう》が勢いづいていた。

(一) 懐疑論者　サンジャヤ・ベーラッティプッタ
(二) 快楽的唯物論者　アジタ・ケーサカンバラ
(三) 宿命決定論的自然論者　マッカリ・ゴーサーラ
(四) 道徳否定論者　プーラナ・カッサパ
(五) 因果否定　感覚論者　パクダ・カッチャーヤナ
(六) ジャイナ教の祖師　ニガンタ・ナータプッタ

勢いのあった当時の六人の自由思想家である。

第三項　釈尊の仏教の根本的特徴

釈尊は、三つの旗印にて仏教の根本的特徴を明らかにした。

諸行無常《しょぎょうむじょう》　世の中のいっさいのものは常に変化し生滅して、永久不変のものはない。

諸法無我《しょほうむが》　存在するあらゆる事象は、因縁によって生ずるもので、不変の実体である我は存在しない。

涅槃寂静《ねはんじゃくじょう》　解脱《げだつ》、ニルヴァーナの境地は安らぎであり、迷いの衆生をして生死を離れさせ、寂滅《じゃくめつ》に至らしめる。

の三法印《さんぼういん》を説き、仏道を証明する。

因果の道理、避けられない約束事、報い、原因と結果、一切の因果関係を示す。

因果撥無《いんがはつむ》　因果応報の道理はないと否定し、無視することは誤りであると因果業報《いんがごうほう》、因《いん》果《が》応報《おうほう》を語る。


「七佛通戒偈《しちぶつつうかいげ》」は、過去七仏が共通して受持した仏の戒め、禁戒として仏教の教えのすべてを一偈《いちげ》に摂している。

諸悪莫作《しょあくまくさ》　もろもろの悪をなすことなく
諸《しょ》（衆《しゅう》）善奉行《ぜんぶぎょう》　もろもろの善をなして
自浄其意《じじょうごい》　自己の心を浄くせよ
是諸仏教《ぜしょぶっきょう》　これが諸仏の教えである

忘己利他《もうこりた》。利己主義、自分の利益中心でなく、己を忘れ、他の人々に利益を与えること。

利他一心、利他教化、世の人々を救う為に真実を説き、教え導く。

仏の本願の恵みによってかなえられる救いの働き。度衆生《どしゅじょう》の心、利他、真実の信心の大切さを諭す。

我執《がしゅう》病。人は、自己の見解に執われる。俺が俺がと、自見に執することなかれ。自己の見解、自分一人の勝手な理解、思い込みに落ち入りやすい。自我の世界である。「私は」と、人は、自己主張をする。私の考えは正しい。独り思いの自分勝手な説で、一人合点もする。

是非をわきまえず、自己の意見に執着する。

われあり顔に思う心であり、自我ありと考え、人間は永遠に変わらない主体があるという考え方であり、自見について執着する。われわれの肉体精神が諸条件の集まりにすぎないことを知らず、主体的な我の存在、人間の自我の中に中心となるものを認め、これが常住であり、一なるものであり、主宰するものであると考える常《じょう》、一《いつ》、主《しゅ》、宰《さい》の誤った考えである。それに執着する思想、空《くう》の自我があるとして、ブッダは、「我という実体は認められない」と無我の立場を強調し、存在は縁によって起こるものであると説いた。

和の大切さ

聖徳太子（五七四年〜六二二年）の仏教の根本理念「和を以て尊しとなす。篤く三宝を敬え」和を保ち、敬う為には、和、互いに和み、仲良くする和敬《わきょう》。互いに心なごみ、敬い合うこと。

和顔愛語《わげんあいご》。顔がおだやかで、言葉はやさしい。なごやかな、やわらいだ顔と愛情のこもった言葉づかい。

「さからうことなきを宗《むね》とせよ」この文章、ここに和を保つ、われらの心得があろう。

自我の世界、我執ではなく、無我、我を有しない。われというとらわれを離れる。わがものなりというような我欲がなく「我ならざること」「我を有せざること」ブッダは「我執を離れること」無我空《むがくう》、無我印《むがいん》を説いた。

第三節　浄土往生の道

優秀な人も多い。

さりとて、ハンディキャップのある生活障害者も存在する。

仏道にはいろいろな修行方法があろう。

一声の念仏、なむあみだぶつと一度称えるだけで救われる。

法然上人は、四十三歳の時に夢の中で善導大師《ぜんどうだいし》に出会った。

Q　今生においてどうしたら生死を解脱することができるのであろうか。
どうしたらたやすく浄土に生まれかわることができるのであろうか。

Ans　アミダ仏の誓願によって凡夫も極楽に往生することができる。

Q　極楽浄土というのはどんな国であろうか。

Ans　浄土は、有楽《ゆうらく》の国土である。仏や菩薩が住む国にして五濁なく悪道もなきことをいう。
極楽sukhāvatīスカーヴァティーは、アミダ仏がここに在りて常に説法したもう処、アミダ仏の極楽浄土である。

Q　法然上人は、そのような問いの中で極楽浄土をどのように見たのであろうか。
善導の師、道綽《どうしゃく》（五六二年〜六四五年）は、
浄土を
（一）法性土《ほっしょうど》　真如そのものの世界。寂光土《じゃっこうど》。
（二）報土《ほうど》　報われた国土。限りない過去から無量の時間の修行によって報われた微妙荘厳の世界。

（三）仏土《ぶつど》に分類、極楽は報土であると語る。
法相宗《ほっそうしゅう》では、荘厳であるが故に凡夫の往生は許されない。
凡夫《ぼんぷ》が往生《おうじょう》できてこそ、荘厳なる浄土がその価値を発揮する。

Ans

法然上人は、極楽をこの上もなく荘厳なる浄土である。アミダ仏の誓願の故にと、凡夫が極楽浄土に往生する道理を得て、万人の救われる道を確立し、往生極楽の道、往生の道が開かれていることを示した。

第一項　阿弥陀仏の救済

お寺の住職は、毎朝七時、本堂で、晨朝《じんじょう》、朝の勤行を、在家の篤信者は、自宅のお内仏、仏壇の前でおあさじ、朝の勤行を営む。寺の本堂の木戸、扉を開けての一日のスタートである。

このような光景が在家のお内仏で見られるのも希になった現代社会、末法の世の末世の今日の状況かもしれない。

御本尊、阿弥陀如来前で有縁仏の菩提を弔い、人として生まれ仏法にめぐり合い今日の在ることの有難さ、お蔭さまと感謝の心による祈りの時間を過ごす日々でもある。

念願成就、誰にも一心に念じ、阿弥陀仏に願うことがあろう。

「退転なきやうにさふらへかしと念願のみ昼夜不断におもふばかりなり」

蓮如上人は『御文（章）』にて、不退転位《ふたいてんい》にて念願を貫く姿勢の大切を語る。

一体阿弥陀如来は、どのように私たちをお救い下さるのか。

阿弥陀の御加護《ごかご》、加被力《かびりき》ついて考察を加える。

仏教語「加護《かご》」とは、仏・菩薩が慈悲《じひ》の力を加えて念仏者を助け護ることである。

加被力《かびりき》ともいう。仏・菩薩が衆生を助けるために加える慈悲による力であろう。

加被力は、仏が世の中の人に加える救いの勝れた力であろう。

私たちは、本弘誓願《ほんぐせいがん》、本願力《ほんがんりき》の働きにより廻向《えこう》の行《ぎょう》、廻向の信《しん》に目醒める。信仰心、主体性に目醒め、その実践活動アクティビティ貫く魂をもつ人生行路を進むことになろう。

その行信が、廻向《えこう》されて明示される。

阿弥陀（Amita）は、一切の衆生を救うため四十八の願をたて、西方浄土にいる教主《きょうしゅ》である。無量光《むりょうこう》（amitābha）、無量寿《むりょうじゅ》（amitāyus）ともいい、尽十方無碍光如来《じんじっぽうむげこうにょらい》、南無不可《なむふか》思議《しぎ》光如来《こうにょらい》ともいう。阿弥陀の三字を法身《ほっしん》・報身《ほうじん》・応身《おうじん》に配し、おさめ、たすけ、すくうという三身解釈もある。

無量光は、阿弥陀仏の光の与える恵みが永遠にして限りがないこと。

無量寿は、永遠の生命の仏としての阿弥陀仏を言う。はかり知れない寿命の仏、阿弥陀仏である。無量寿国《むりょうじゅこく》は、極楽浄土《ごくらくじょうど》である。

往相廻向《おうそうえこう》、還相廻向《げんそうえこう》、二種廻向論《にしゅえこうろん》が浄土門では語られる。極楽浄土に往生できるのは、衆生（人々）が積んだ善根功徳によるのではなく、すべて阿弥陀仏の本願によって、仏の側から与えられた「他力《たりき》による廻向《えこう》」の念仏や信心による、と。

念仏は、仏の命令、お導きによって唱えさせて頂いているのであり、信心は、仏によって心に植え付けられたのであるから真実であると、親鸞は、独自性を語る。

本願《ほんがん》招喚《しょうかん》之《の》勅命《ちょくめい》といい、阿弥陀仏が世の人々に向かってやって来いと招き呼ばれている本願の勅命、仏の命令《めいれい》があり、念仏は、人々が自分の力で名号を称《とな》えて救いを求める行為ではなく、拒否できない仏の命令として、仏の導きにより称える御縁を頂いたという廻向論、往相廻向、浄土への道が語られる。そこには、思いはかることのできない本願力の働きの不思議さが強調される。

人々の救いのために廻《めぐ》らし、さし向けた廻向《えこう》の行《ぎょう》、廻向の信《しん》としての念仏が語られる。教え導き、浄土に向かわせる還相廻向《げんそうえこう》、阿弥陀仏の本願の力による他力《たりき》の廻向論を説く。

仏教入門に際し、私たちは、教えを聞く「聞法《もんぼう》」から出発する。仏法は、聞思の道に極まる。教えを聞く。最初は耳を触り、胴体を触り、尾尾を触り、それを象と考える。全体像が見えない。

聞信の道、教えを聞いて信ずる、疑わない。御縁を深めることによって大切な信仰心に目覚める発心《ほっしん》が芽生え、やがて悟りを与えると「道を尋ねることの大切さ」を諭す。仏典すべての経典は、如是我聞《にょぜがもん》（私はこのように釈尊よりお聞きしました）から始まる。聞《きき》思《おぼす》の道を諭す。

酔生夢死の人生もあろう。不飲酒戒《ふおんじゅかい》もあるが、唯酒唯戒、ただ酒を飲むだけのことならば飲んではならないと戒める。酒を薬として心身が安らぎ和らげるためなら飲むことは許されるという。

阿弥陀仏の第十八願の結びの文に「唯除《ゆいじょ》五《ご》逆《ぎゃく》誹謗《ひぼう》正法《しょうぼう》」（ただ五逆と正法を誹謗せん

とをば除かん）とあり、救いから除外される者のあることを示す。

仏の教え（正法）をそしり仏法をけなしてはいけない。仏僧法の三法をそしること、大乗の教えをそしることの罪、堕地獄の怖さを示した。それは、聞法者の大切な心得である。善導和尚は『観経疏《かんぎょうしょ》』の中で「抑止文」と捉えて、「してはいけない」と抑制した。救わないと言うのではない。阿弥陀仏の救いの広大であることを示す文を重要視した。

第二項　生死度脱《しょうじどだつ》の道

「誠に、仏法は、いづれの宗も生死度脱せんがためなり。名利を思うべからず」

無住《むじゅう》著『沙石集《しゃせきしゅう》』

生命の絶頂期の若き日、人は、死の淵を覗き見るという。

生誕し、終焉迄《しゅうえん》の人生行路にあって、生死度脱《しょうじどだつ》は、若き人生、生涯の最大の課題であるといえる。

「自身は、現にこれ罪悪生死の凡夫、曠劫よりこのかたつねに没し、つねに流転して、出離の縁あることなし」『観経疏散善義《かんぎょうしょさんぜんぎ》』

「己が能を思量せよ」「救われることのないわれら」の自覚である。

戒定慧《かいじょうえ》、三学《さんがく》修行によって仏陀となる道は、凡夫には閉ざされた道である。われらは、戒定慧、三学を守ることのできない者である、そのわれらの救われる道は、往生極楽の道を進むしかない。

『無量寿経《むりょうじゅきょう》』の教えは、如是我聞《にょぜがもん》（このように私は聞きました）と聞くならば、その願いに応じて浄土に往生することができる。阿弥陀仏の本願が成就されたことを説くので「本願の経」とも呼ばれる。

称名念仏《しょうみょうねんぶつ》の一行《いちぎょう》によって、凡夫が極楽に往生する。

救われる道理を求めての四十八願の第十八願の誓い
「十方の衆生、われらが至心に信楽《しんぎょう》して、アミダ仏の国に往って生まれたいと念願して、乃至十念《ないしじゅうねん》（十たび念仏）すれば、アミダ仏の国、極楽浄土に往って生まれることができる。」

出離《しゅつり》の行によりて往生すべきの道理を得たりと、凡夫往生の道理を語る。

真実に自己の人間たるを覚醒して、人間たるに眼覚めたる者は、深く自己を知り、自己の真実を愛し、人間たるに眼覚めるべきであり、不死の自己を獲得せんが為、われらはその時、無限の力に感謝せずにはいられぬ。

廻向《えこう》とは、即ち与えられたる力の謂《いわ》れである。この力こそ、真実の如来に呼び覚まされたる相《すがた》である。この力を、親鸞聖人は如来廻向《にょらいえこう》と名づけ、願力廻向《がんりきえこう》と呼ばれた。廻向されたる願生《がんしょう》の力である。

われらの無明の長夜にも、燈炬《とうこ》（ともしび）永きに輝き、生死大海に船筏常に浮ぶ。

比叡の修学は、自力の計《はからい》を捨てきれぬ浄土往生の修行であった。

如来招喚《しょうかん》の命、自然の念仏が現れた如来の廻向である。

親鸞聖人の越後時代を往相真実、稲田時代は聖人の還相利他と見ることができる。

還相廻向《げんそうえこう》は、利他愛である。

真実の生は、死を超えた永遠の境地にあった。この不死永遠の世界に向かって自己の道に眼覚めることは、如来の本願を体認《たいにん》すること、体験して、しっかり会得《えとく》すること。親鸞聖人は、南無阿弥陀仏という名号を見出されて、南無阿弥陀仏は、われらの大なる生命であり、大なる智慧である、如来の名号《おほせ》であると、了解《りょうげ》された。

われを頼め、如来の願心《たましい》、如来の行業《ちから》は、群生海《ぐんじょうかい》を覚醒し、一切万有の生命となる。如来の名号に呼び覚まされし全体が、南無阿弥陀仏の念仏である。

「南無《なむ》とは帰命《きみょう》なり。これ発願廻向《ほつがんえこう》の義《ぎ》なり。阿弥陀仏とはその行なり」摂取不捨《せつしゅふしゃ》の力を他力《たりき》と名づく。

正定業《しょうじょうごう》とは、正しく往生決定の業であり、救済せんとする如来の寿命は無際限である。「かくして如来は、常に一切衆生に対して存在し、光明も、寿命も、一切衆生を摂取する為に無量である」（金子大榮『親鸞聖人の宗教』（大正五年　無我山書房）頁一五〇）。

南無阿弥陀仏をいかに理解すべきか。

阿弥陀仏は、われらに「行者のはからひ」を捨てて、自然に随順《ずいじゅん》して生きていくことを教える。感応道交《かんのうどうこう》の世界である。純粋な精神の開顕《かいけん》がある。仏の本願は、衆生をして一向に専ら弥陀の仏名を称せしむるにあり、それが釈尊の『観無量寿経《かんむりょうじゅきょう》』に説かれたお心であると善導《ぜんどう》は信じた。

念仏は、歓喜《かんぎ》であり、讃仰《さんこう》であり、報恩《ほうおん》である。名号念仏《みょうごうねんぶつ》こそが、真実教の本体であると。

十方の諸仏は、われらに願生の心を発せよと、念仏の唯一真実の道を證誠《しょうじょう》なされた。我を呼び給う弥陀如来。

弥陀《みだ》招喚《しょうかん》の声に眼覚めて念仏をする。一切群生《いっさいぐんじょう》を招喚し給う声は、我には「往けよ」という声であろう。

如来と一体なる南無阿弥陀仏、如来に対する至心の信楽《しんぎょう》が、浄土に対する願生の心であろう。

弥陀の願心《がんしん》であり、この願心の感得《かんとく》が、即ちわれらの信心である。

凡夫が、救われる道理を求める。すると、第十八願に誓われたとおり、われらが至心に信楽してアミダ仏の国に往って生まれることができる。

この乃至十念《ないしじゅうねん》は「少なくとも」「わずかに」十たびの念仏にて、善導の言う「出離の縁なきもの」こそ救われなくてはならない。救われがたいものこそ救われる。そこに仏の慈悲がある。

善導が、心血を注いで著したのが『観経疏《かんぎょうしょ》』である。出離の縁あることをなき罪悪生死の凡夫を見つめた善導は、下品下生《げぼんげしょう》の救われる教えに恵り会い、なむあみだ仏を称えるというだけの道、一声《ひとこえ》の念仏、十声《とこえ》の念仏による人間救済道を明らかになすった。

第三項　親鸞の不体失往生《ふたいしつおうじょう》論

往生は、肉体の死を待つ必要はない。

極楽浄土に往生（往って生まれる）ことが決定するのは、死後つまり臨終時なのか、現《げん》生《しょう》の往生、現在の生、今、生きている間、現在の世に往生できるのか。

即ち、体失往生なのか不体失往生なのか、関心をそそぐ問題である。

親鸞の曾孫、覚如《かくにょ》上人（一二七〇年～一三五一年）は、著書『口伝鈔《くでんしょう》』を、元弘元年の報恩講の際、如信上人より口伝せる親鸞聖人の行状、物語を口述し、弟子乗専に筆記せしめた。

親鸞聖人（一一七三年～一二六二年）没後七十年、覚如上人、六十二歳に当たる。その時、親鸞の教義が、法然上人の真精神を伝えたものであることを明らかにしようとした。

救済が決定し一念業成《いちねんごうじょう》の宗義を宣揚《せんよう》せられた。

『口伝鈔』に法文浄論《ほうもんじょうろん》、仏の教えを説き書き記した文、経文に関する議論が述べられているが、そこに体失往生なのか不体失往生なのかとの論争が見られる。
「信心さだまるとき往生さだまる」（『末灯鈔《まっとうしょう》』親鸞）
「正定聚のくらゐにつきさだまるを、往生をうとはのたまへるなり」『一念多念文意』
「念仏往生の機は体失せずして往生をとぐ」（『口伝鈔』覚如）
小坂の善恵房《ぜんえぼう》、証空《しょうくう》は、体失してこそ往生をとぐ、と体失往生を語った。
『口伝鈔』の論争をみてみよう。

『口傳鈔』原文

一　體失《たいしつ》・不體失の往生の事。

上人親鸞のたまはく、先師聖人源空の御とき、はかりなき法文諍論《ほうもんじょうろん》のことありき。善信は念仏往生の機は體失せずして往生《おうじょう》をとぐといふ。小坂《こさか》の善恵房《ぜんえぼう》證空は體失《たいしつ》してこそ往生はとぐれと云々　この相論なり。ここに同朋《どうぼう》のなかに勝劣《しょうれつ》を分別《ふんべつ》せむがために、あまた大師聖人源空の御前《ごぜん》に参《さん》じて申されていはく、善信御房《ぜんしんのおんぼう》と善恵御房《ぜんえのおんぼう》と法文諍論《ほうもんじょうろん》のことはむべりとて、かみくだむのおもむきを一一にのべ申さるるところに、大師聖人源空のおほせにのたまはく、善信房の體失せずして往生すとたてらるる條《じょう》は、やがてさぞと御證翫《ごしょうはん》あり。善恵房《ぜんえぼう》の體《たい》失《しつ》してこそ往生《おうじょう》はとぐれとたてらるるも、またやがてさぞとおほせあり。これによりて兩方の是非わきまへがたきあひだ、そのむねを衆中《しゅちゅう》よりかさねてたづね申ところに、おほせにのたまはく、善恵房の體失して往生するよしのぶるは、諸行往生《しょぎょうおうじょう》の機なれば也。善信房の體失せずして往生するよし申さるるは、念佛往生の機なれば也。如来教法元無《にょらいきょうぼうがんむ》二《に》なれども、正爲衆生機不同《しょういしゅじょうきふどう》なれば、わが根機《こんき》にまかせて領解《りょうげ》する條、宿善の厚薄《こうはく》によるなり。念佛往生は佛《ぶつ》の本願《ほんがん》なり、諸行往生は本願にあらず。念佛往生には臨終《りんじゅう》の善悪を沙汰《さた》せず、至心信樂《ししんしんぎょう》の帰命《きみょう》の一心他力《たりき》よりさだまるとき、卽得往生住不退転《そくとくおうじょうじゅうふたいてん》の道理を、善知識《ぜんちしき》にあうて聞持《もんじ》する平生《へいぜい》のきざみに治定《じじょう》するあひだ、この穢體亡失《えたいもうしつ》せずといへども、業事成辨《ごうじじょうべん》すれば體失《たいしつ》せずして往生《おうじょう》すといはるる歟《か》。本願の文《もん》あきらかなり、かれをみるべし。つぎに諸行往生の機は臨終を期《ご》し、來迎《らいごう》をまちえずしては胎生邊地《たいしょうへんぢ》までもむまるべからず。このゆへにこの穢體亡失《えたいもうしつ》するときならではその期するところなきによりてそのむねをのぶる歟《か》。第十九の願にみえたり。勝劣《しょうれつ》の一段にをきては、念佛往生は本願なるについて、あまねく十方衆生にわたる。諸行往生《しょぎょうおうじょう》は、非本願なるによりて定《じょう》散《さん》の機にかぎる。本願念佛《ほんがんねんぶつ》の機の不體失往生《ふたいしつおうじょう》と、非本願諸行往生《ひほんがんしょぎょうおうじょう》の機の體失往生《たいしつおうじょう》と、殿最懸隔《でんさいけんかく》にあらずや。いづれも文釋《もんしゃく》ことばにさきだちて歴然《れきぜん》なり。

（金子大榮編『真宗聖典』昭和三五年　法藏館）

現代語訳

親鸞聖人《しんらんしょうにん》が、物語《ものがた》り遊《あそ》ばれたことがある。

先師源空聖人《せんしげんくうしょうにん》の御門下《ごもんか》に在《あ》つた頃《ころ》、はからずも法門《ほうもん》の諍論《あらそひ》をしたことがあつた。それは、自分《じぶん》は「念佛往生《ねんぶつわうじょう》の信心《しんじん》を得《え》て居《お》る者《もの》は體《からだ》は死《し》なゝくても往生《おうじょう》を遂《と》げる」といひ、善慧房《ぜんえぼう》（證空《しょうくう》）は「體《からだ》が失《な》くなってこそ往生《わうじょう》を遂《と》げられる」と申《まを》されたことの諍論《あらそひ》であつた。（傍線筆者）

そこで、他《た》の御弟子達《おでしたち》が此諍《このあらそ》ひの勝劣《しょうれつ》を分別《ふんべつ》して頂《いただ》くために、大師聖人《だいししょうにん》の御前《おんまえ》に参《まゐ》つて、仔細《しさい》を申上《もうしあ》げられた。すると源空聖人《げんくうしょうにん》は、「善信房《ぜんしんぼう》が、體《からだ》を失《うしな》はずとも往生《わうじょう》はすると申《まを》されるのも尤《もっと》もである。善慧房《ぜんえぼう》が、體《からだ》を失《うしな》つてこそ往生《わうじょう》は遂《と》げられると申《まを》されるのも尤《もっと》なこと」と、甚《はなは》だおほまかせ仰《おお》せ。それでは兩方《りやうほう》の是非《ぜひ》が分《わか》らぬものゆへ、御弟子達《おでしたち》が重《かさ》ねてお尋《たづ》ね申《もう》し上《あ》げられたので、又仰《またおふ》せになった。「善恵房《ぜんえぼう》がいふところは諸行往生《しょぎやうわうじょう》の人《ひと》であるからであり、善信房《ぜんしんぼう》がいふところは念佛往生《ねんぶつわうじょう》の人《ひと》であるからである。如来《にょらい》の教本《みをしえ》は本來《ほんらい》二つあるのではないけれども、それを承《うける》る人々《ひとぐ〵》の類《るゐ》によつて不同《ふどう》となる。自分々々《じぶんく〵》の根機《うまれつき》にまかせて解《かい》すのは宿善《しゅくぜん》の厚薄《あついうすい》によるのでやむを得《え》ない。

念佛往生《ねんぶつわうじょう》と諸行往生《しょぎょうわうじょう》との区別《くべつ》について考《かんが》へてみるに、念佛往生《ねんぶつわうじょう》は弥陀《みだ》の本願《ほんぐわん》であり、諸行往生《しょぎやうわうじょう》は弥陀《みだ》の本願《ほんぐわん》でない。念佛往生《ねんぶつわうじょう》には臨終の善悪《ぜんあく》をいはぬので、至心《ししん》に信《しん》樂《げう》する歸命《きみやう》の一心《しん》を他力《たりき》によつて定《さだ》めていたゞく時《とき》、その時往生《ときわうじょう》を得《え》て不退轉《ふたいてん》の位《くらゐ》に住《す》む身《み》となる道理《だうり》を、善《ぜん》知識《しき》から聽聞《ちやうもん》して、それを信《しん》じた時《とき》に往生《わうじょう》は定《さだ》まってしまふのであるから、此穢《このけが》れた體《からだ》が失《な》くならなくても、往生《わうじょう》の因《たね》は成就《じやうじゅ》してしまふ。であるから、體《からだ》は失《うしな》はずとも往生《わうじょう》はすると善信房《ぜんしんぼう》はいはれるのであらう。本願《ほんぐわん》の文《もん》を詳《くは》しく拜《はい》見《けん》せられたならば、この心持《こころもち》は明《あきら》かになるであらう。次《つぎ》に、諸行往生《しょぎやうわうじょう》の人《ひと》は臨終《りんじゅう》に心の亂《みだ》れぬことを期《き》し佛來迎《ほとけのおむかへ》を待《ま》つことを得《え》なかつたなら、胎生邊地《かりのじやうど》にさへも生《うま》れぬことは出來《でき》ぬから、この穢體《えたい》が亡《な》くなる時《とき》よりほかには何《なん》の期《き》するところもないから、體《からだ》の失《な》くなる時往生《ときわうじょう》すると述《の》べられるのであろう。これは第《だい》十九願《ぐわん》に出《で》て居《ゐ》ることである。

さて、兩説《りやうせつ》の勝劣《しょうれつ》といふことになれば、念佛往生《ねんぶつわうじょう》は本願《ほんぐわん》であるからして、普《あまね》く十方衆生《ほうしゆじやう》にゆきわたるが、諸行往生《しょぎやうわうじょう》は本願《ほんぐわん》でないからして、雑念《ざつねん》を排《はい》し心を一境《ひとゝろ》に靜《しず》め得《う》る人《ひと》が悪《あく》を廢《や》め善《ぜん》を行《おこな》ふこととの出來《でき》る人《ひと》かに局《かぎ》ることになる。本願《ほんぐわん》の念佛《ねんぶつ》の人《ひと》の體《からだ》は亡《な》くならずとも往生《わうじょう》するのと、本願《ほんぐわん》に非《あら》ざる諸行《しょぎやう》の人《ひと》の體《からだ》を失《うしな》つて後《のち》の往生《わうじょう》と兩者相隔《りやうしやあひへだ》たること首《くび》と尾《を》との如《ごと》きものがある。いづれも私にいふのではなくて、經文《きょうもん》や先賢《せんけん》の教《をしへ》によつて、今《いま》の言葉《ことば》よりも前《まへ》に歴然《はつきり》と勝劣《しょうれつ》は定《き》められてあると。（傍線筆者）

（『意訳　真宗聖典』宗祖列祖の部　大正十二年　法蔵館参照）

解説

念仏往生は、弥陀の本願、すべての人々を救うために立てられた阿弥陀仏の誓願《せいがん》、誓いであり、阿弥陀仏を信じて一ぺんでも念仏を唱えるものはすべて浄土に迎えとることが誓われている。

「弥陀の本願信ずべし．本願信ずるひとはみな．摂取不捨の利益にて．無上覚をばさとるなり」『正像末和讃』

一方、阿弥陀仏が観音勢至《かんのんせいし》等の聖衆とともに、念仏者の臨終の時に迎えに来る来迎思想《らいごうしそう》があり、弥陀の来迎を拝むべしという。

死に臨み、死にぎわに唱える最後の一声《ひとこえ》の念仏、その最後の一瞬があり、人の命終に際して、念仏を勧めることもあろう。『往生要集《おうじょうようしゅう》』の著者、天台宗の源信《げんしん》（九四二年～一〇一七年）は、臨終に当たって念仏者が仏、菩薩の来迎を得る為に念仏する作法「臨終《りんじゅう》行儀《ぎょうぎ》」その作法が行われた。

阿弥陀仏の像を安置し、仏の手より垂れた五色の糸を手にとって往生の想い、迎接の想いを抱いて念仏をする。念仏は、必ず十遍、十声《とこえ》称える。念仏結社をつくり指導した。藤原道長《みちなが》（九六六年～一〇二七年）は晩年、浄土教に傾斜し、この行法を行った。

極楽に生まれたいと真心から願う念仏者は、臨終時に、阿弥陀仏が聖衆と共に迎えに来て浄土に連れていく。念仏者を迎えに来る。迎えに行こうと誓った。

臨終現前の願、聖衆来迎の願である。

親鸞は、死後往生するのではなく、この世にいる間に往生の身とさだまると「往生」の語に関する独自の理解、解釈、不体失往生論を示した。

第四項　信仰の論理　自然法爾《じねんほうに》

親鸞聖人は、究極的境地として自己のはからいのつきた、他力にまかせきった姿として、行者のはからいにあらず、おのずの法則によってそうなっている道理である自然法爾《じねんほうに》を『末燈抄《まっとうしょう》』（第五）に語る。

自然法爾《じねんほうに》の事

自然《じねん》といふは自《じ》はをのづからといふ、行者《ぎょうしゃ》のはからひにあらず、然《ねん》といふはしからしむといふことばなり。しからしむといふは行者《ぎょうしゃ》のはからいにあらず、如來《にょらい》のちかひにてあるがゆへに法爾《ほうに》といふ。法爾《ほうに》といふは、この如來《にょらい》の御《おん》ちかひなるがゆへに、しからしむるを法爾《ほうに》といふなり。法爾《ほうに》はこの御《おん》ちかひなりけるゆへに、をよそ行者《ぎょうじゃ》のはからひのなきをもて、この法《ほう》の徳《とく》のゆへにしからしむといふなり。すべてひとのはじめてはからはざるなり。このゆへに義《ぎ》なきを義《ぎ》とすとしるべしとなり。自然《じねん》といふは、もとよりしからしむるといふことばなり。弥陀佛《みだぶつ》の御《おん》ちかひの、もとより行者《ぎょうじゃ》のはからひにあらずして、南无阿彌陀佛《みもわあみだぶち》とたのませたまひてむかへんと、はからはせたまひたるによりて、行者《ぎょうしゃ》のよからんとも、あしからんともおもはぬを、自然《じねん》とはまふすぞとき丶てさふらふ。ちかひのやうは、无上佛《むじやうぶち》にならしめんとちかひたまへるなり。无上佛《むじやうぶち》とまふすは、かたちもなくまします、かたちもましませぬゆへに、自然《じねん》とはまふすなり。かたちましますとしめすときには、无上涅槃《むじやうねはん》とはまふさず。かたちもましまさぬやうをしらせんとて、はじめて弥陀佛《みだぶち》とまふすとぞき丶ならひてさふらふ。弥陀佛《みだぶち》は自然《じねん》のやうをしらせんれうなり。この道理《だうり》をこ丶ろえつるのちには、この自然《じねん》のことはつねにさたすべきにはあらざるなり。つねに自然《じねん》をさたせば、義《ぎ》なきを義《ぎ》とすといふことは、なを義《ぎ》のあるになるべし。これは佛《ぶつ》智《ち》の不思議《ふしぎ》にてあるなるべし。

正嘉《しょうか》貳年十二月十四日《じふにぐわちじふよかのひ》

愚禿親鸞《ぐとくしんらん》八十六歳

現代語訳

自然《じねん》というのは、自はおのずからといい、行者のはからいではないこと。然とは、しからしめるということばである。しからしめるというのは、行者のはからいではなくて、如来の誓願によるものであるから法爾《ほうに》という。法爾というのは、この如来の誓願であるがゆえにしからしめるのを、法爾というのである。法爾とは、この御ちかいであったがゆえに、まったく行者のはからいをさしはまずして、この法の徳のゆえにしからしめるというのである。だから、義なきを義とすると知るがよいと仰せられたのである。

自然というは、もともとしからしめるということばである。阿弥陀仏の御誓願は、もともと行者のはからいではなくて、南無阿弥陀仏とたのむものを迎えようと、仏のはからいたもうたものであるから、行者としては、よかろうとも、悪かろうとも思わないのが、自然というものであるぞ、と私は聞いている。

誓願のありようは、最高の仏となろうと誓われたのである。最高の仏というものは、かたちもないものであられる。かたちもあられもないから、自然とはいうのである。かたちがあるときには、最高の涅槃とはいわない。かたちもないというありようを示さんがためにと、阿弥陀仏とはもうのであると、私は聞きならっている。

だから、阿弥陀仏というは、自然のありようを示さんがためである。この道理を心得たからには、もはや、この自然のことは、あれこれと思いはかるべきではないのである。あれこれと思いはかるならば、義なきを義とするということが、また義のあることになるであろう。これは、仏智の不思議というものである。

正嘉二年（一二五八）十二月十四日

愚禿親鸞　八十六歳

解説

他力にまかすとは、どういう意味であろうか。

他力とは、一般的には他から与えられる助力、他の力、外部からの援助を意味するが、宗教的実存からと言うと仏、菩薩の力を借りる、阿弥陀仏の本願の力による本願の働きのことである。

他力の本願とは、阿弥陀仏の本願力廻向《ほんがんりきえこう》による真実信心、信仰心の目覚めである。

六字の名号、機《き》（南無）、法《ほう》（阿弥陀仏）の関係が、一体不二であることを、機法一体《きほういったい》と言うが、機は、人々、衆生が受けとった信心のこと。南無《なむ》は、敬礼《きょうらい》（敬って礼拝すること）、帰命《きみょう》（身命を捧げて仏の救いをたのむ、請求を意味する）。

「南無といふは帰命なり、これ発願廻向の義なり、阿弥陀仏とは行なり」（蓮如上人）

発願《ほつがん》とは、願をおこすこと。衆生のおこす種々の願い、発心、菩提心《ぼだいしん》を起すことである。思い立って何かことを始めようと思うこと、阿弥陀仏の救いをたのむ願い、本願の救いを信じて、一切をまかせ極楽浄土にやってこいという弥陀の命令であろう。

信心と救いの働きが、一体である名号による仏の悟りを意味している。

宇宙に遍満する救済の意志が本願となり、さらに結晶して名号となり、人間に与えられた。

われら人間、人々がそれを信受し、それを口称《くしょう》する、阿弥陀仏の名を唱えることによって、救済や解脱の自覚を得るという機法一体《きほういったい》である。

阿弥陀仏の本願によって真実の信心が開けたのち、唱える念仏は、自分の力で浄土往生を得よう称える自力の念仏ではなく、仏によって唱えるよう、うながされて、催促されて唱える念仏である。

阿弥陀仏の本願力に助けられて唱える。

阿弥陀仏の本願、他力の真意は、本願の救いを信じて疑わない信心、その信心は、阿弥陀仏から与えられた廻向《えこう》の信心《しんじん》であり、それは阿弥陀仏の力によるから他力である。他力不思議といい、本願の救いのはたらきは、凡夫が思議することができない。他力本願に救われる阿弥陀仏の働きである。

阿弥陀仏はどのような仏か。

真如《しんにょ》、生滅《しょうめつ》を超えた永遠不変の真理であり、法身《ほっしん》、理仏《りぶつ》の仏である。

真如《しんにょ》は、永遠不変の唯一絶対の真理であり一切万有の本体である。その真如より来生、真如法性《しんにょほうせい》、法身《ほっしん》というが、今日も今現在説法《こんげんざいせっぽう》の阿弥陀仏である。常に説法しつづける阿弥陀仏である。

浄土は、寂光《じゃくこう》の浄土、闇に対する光の世界であり、光といのちの仏、光寿二無量《こうじゅにむりょう》のアミダ仏、はかり知ることのできぬ智慧と慈悲の結晶である。

無量光《むりょうこう》仏　無辺光《むへんこう》仏　無碍光《むげこう》仏　無対光《むたいこう》仏　焔王光《えんのうこう》仏　清浄光《しょうじょうこう》仏　歓喜光《かんぎこう》仏　智慧《ちえ》光《こう》仏　不断光《ふだんこう》仏　難思光《なんじこう》仏　無称光《むしょうこう》仏　超日月光《ちょうにちがっこう》仏という。

阿弥陀仏の信仰に生きるということは、念仏を称えていると自然にありがたくなる。そして自ら信仰の深まりを深めることになり、大切なことに目覚める。真実に自己の魂に目覚めるものは、自愛と利己との区別を明らかに知って、単なる利己ではなく、徹底自己を満足せしめる利他行にきづくことに違いない。

往相《おうそう》と還相《げんそう》

浄土への往生が、われらの往相《おうそう》であり、自愛から他愛へ、我かられらへの一すじの道が還相《げんそう》である。

往相とは、一心に自己の救われる真実の道を進むことであり、還相とは大悲の胸を開いて衆生を化益《けやく》することであろう。

利他還相の事業は、偏えに有縁の衆生を摂受して、浄土に往生することとせられている。

二種廻向論である。

阿弥陀仏の本願の救い二種の働き、往相廻向と還相廻向である。

念仏の人を極楽に生まれさせる、往相、極楽に生まれた人をこの世に再び帰らせ、世の人を極楽往生を願わしめ向ける還相である。

往還二廻向である。

回心《えしん》ということひとたびあるべし。

「一向専修《いっこうせんじゅ》のひとにおいて、廻心《えしん》ということ、たゞひとたびあるべし」

（『歎異抄《たんにしょう》』第十六）

自力の教えから他力の教えに心を翻す。小乗の人が翻して大乗に転ずる。大乗へと導き入れる、大乗の菩薩になるという自覚のこころであろう。今まで学習してきた教えに対する心を翻して、大乗の教えに心をかえて菩薩《ぼさつ》となる廻向である。廻向により主体性に目覚める。そして、実践活動が始まる。

自然法爾《じねんほうに》。

行者のはからひにあらず、如来の誓いにてあるがゆえにしからしむ法爾である。行者のよからんとも、悪しからんとも思わぬを自然といい、自然の道理がある。自然法則の摂理があると言う。

自然というは、如来の本願力であり、自づからそうであること、そうなっていること、自然の法則、法爾は、それ自身の法則により、そのようになっている。自然の法則を語る。阿弥陀仏の他力にまかせきっている境地であり、行者のはからいにあらず、如来の誓いであるという。

太陽は東から昇り西に沈む。

生老病死の人生行路、老いる人生、十年経ち二十年経ち、三十年経ち、久しぶりに恵りあって見ると若き青年が定年を迎え、子育てに愛情をそそいだ母親が後期高齢者、認知力を失って認知症になり、遭遇しても相手が誰かもわからない。私たちは、歳月と共に老病死の人生を歩んでいる。生きられる時間をふと思う。

因果応報、癌で若死する人もいる。高血圧で半身が不随になる人もいる。さりとて百歳万歳、健康長寿で百歳を迎える人が全国で7万人を超え、さらに増加傾向にある。

人には、天寿というものがあり、それぞれの生きられる時間、寿命というものがあろう。

独生独死の人生である。時間を大切にして生死度脱の道を求めて、仏教の智慧、本願力《ほんがんりき》成就《じょうじゅ》、誓願《せいがん》、正覚《しょうかく》により解脱《げだつ》を得る。

「生死無常のことわり、くわしく如来のときおかせおはし候ううへは、おどろきおぼしめすべからず候」

「信心決定のひとは、疑なければ正定聚に住することにて候ふなり」

「信心の定まらぬ人は正定聚に住したまはずして、うかれたまひたる人なり」

（『末燈鈔《まっとうしょう》』善信八十八歳）

「弥陀の本願、名号をとなへんものをば極楽へむかへんとちかはせたまひたるを、深く信じてとなふるがめでたきことにて候……信心あさくは往生しがたくさふらふ」

（『末燈鈔』十二）

第五項　成功への道しるべ

私たちの一生には、忘れてしまいたくない大切な宝物があるように思える。

や丶もすると忘れてしまいがちな、人としてその大切なことを忘れてしまうと人間の尊厳が失われ、心なき人間として、狼籍扱いをされるような、言って見れば、狼が衣を着たような人間が存在する。

人としての形体《ぎょうたい》、人間の顔をし呼吸し、志もなく、漠然と生存し続ける心不在の人間群がいる。心身一如の人間存在、体と心を離すことはできないが、スポーツをし、健康保持に努めたり、身体としての人間も大切なことは、言わずもがなであろう。人間には心、精神、魂がある。知的、情意的な精神機能をつかさどる器官とその働きがあろう。心に喜びを感受する心受《しんじゅ》、身体による楽しみを感受する身受もあろうが、心の中の思い、思っているその心の中には心の働きがあり、心を王に喩《たと》えることもある。

心術、心がまえ、心くばり、用心等、心の持ち方もあろう。

すべての人は、生まれつき心、天性があり、個別的な働きをする。

心を城に喩え、心城、心殿とも言い、身体は心を守ると言われるが、身体は無常であるが、心の本体は常住であるという誤った考え方もあろう。身心は一如である。

心には、心かき乱す煩悩、貪著《とんじゃく》があり、むさぼり、執着心《しゅうちゃくしん》がある。強く心をひかれ、それにとらわれる。一方、純粋無垢な心、清浄心《しょうじょうしん》も本来具えていて悟りを開く深い道心《どうしん》、菩提心《ぼだいしん》も心にあるのではないか。心身不二の心は、昔から人々の関心の的であった。

心身を悩ます一切の精神作用、煩悩は、基本的な無知、闇を意味し、人の心をまどわす悪鬼が内在し、煩悩魔《ぼんのうま》が凡夫を悩ませて悟りのさまたげとなる。すっかり煩悩にまみれている人間存在を、煩悩具足の凡夫という。煩悩林に遊ぶ、その凡夫にも、悟りの岸に導く船、筏《いかだ》があり、愚かな人も念仏一筋で往生する凡夫往生の道も明らかにされている。

一人の人間として、人生に大切な出発点の心として「己が能を思量せよ」言いかえてみれば「汝自身を知れ」という大切な原点があろう。

人間としての器、自分の能力を知ることが大切、尚かつそれが求められる出発点でもあろう。

人生如何に生くべきかと考察する時、人にはそれぞれ力量があり、磨くべき才能があろう。

どの道を行くか、どのように生きるか、己が能を知るところから始まる。

アイデンティティの形成と言い、自分の好きなこと、本当に自分の行いたいことを見つけること、宝の発見が大切であろう。

それが為に生き、それが為なら死ぬことのできるイデー、善を見つけることができたならば何とすばらしい人生であろうか。

本当に自分の行いたいことを見つけることができ、生涯を貫くことができる叡智、生甲斐を見つけ、夢実現に向って初心を貫く人生行路、進む道を見つけたならば何と幸せなことであろう。

喜び、幸せがあり、初心を忘れず貫く、その人生は、念願を成就して、やがて大器晩成を成し遂げるに至るであろう。

仏教の叡智は、私たちに成功の道しるべを教える哲学であり、信仰とは私たちに成功への智慧を授ける。

転落人生、失敗人生もあろう。

危険な誘惑がいっぱいとも言える人の一生にあって、確実な栄光への道をおしえるもの、それは仏教の智慧、先達の教訓であろう。

人間は何千年も地球に生き、悠久な歴史を持っている。

人として生き、悩み、栄光への脱出の道は今も昔も不変であろう。

己れが意識され、初めて自分自身の存在が明らかになっていく。その時、生きられる時間というものが気にかかる。

まわりの親戚、縁者、友人、知人等が亡くなる。災害で命を落とす人もいる。テレビの映像を、単に、二人称、三人称と他人ごとに考えるのではなく、一人称の人生としていつ迄生きられるであろうか。生きられる時間のあることに気づく。

生と死の人生、生死《しょうじ》を度脱《どだつ》するという諸人《もろびと》の人生の課題解決の道は、先達の足跡、歴史的叡智、解決の道しるべとして存在し、今現在説法《こんげんざいせっぽう》、今も私たちが聞く耳をもてば解決の叡智が与えられる。聞こえる。

ここに人間として、生きる楽しみもあり、喜びもあるであろう。

第二章　正定聚《しょうじょうじゅ》に住すということ

正定聚《しょうじょうじゅ》という仏教語がある。

人間には、三種類の器の人がいるという。

（一）正定聚《しょうじょうじゅ》（二）不定聚《ふじょうじゅ》（三）邪定聚《じゃじょうじゅ》の人々である。

（一）仏の悟りを約束された人、正定聚の人

（二）到底悟りの境地に入ることができない、邪定聚の人

（三）この両者の中間にあって、縁があれば悟ることができ、縁が無ければ悟ることができない、不定聚の人がいる。

（一）の正定聚の人は、正定の業、浄土の往生を決定する行為、即ち阿弥陀仏の名号を称《とな》える「一心専念《いっしんせんねん》　弥陀名号《みだみょうごう》」の行いの人であり、浄土に生まれると決まっている人たちである。

（二）邪定聚、（三）不定聚の人は自力作善《じりきさぜん》、自分の力で善根、よい果報を招くと思われる業因《ごういん》、良い意味での追善供養《ついぜんくよう》の仏事法要を行う正しい行いを具え、よい報いをもたらす功徳をたのみ、そのように信じて善行を積む。悟れると思う。自分の力で、浄土往生を得ようと念仏を唱える。自力往生を願う人であるという。善巧方便《ぜんぎょうほうべん》、仏に導かれて正定聚

位に向う人々もいる。

（三）不定聚は、聖者の立場とも悪人の立場とも決まっていない人々である。縁があれば悟ることができ、縁が無ければ悟ることができない。

縁なき衆生は度し難し。極楽に往生することが決定していない人々もいる。念仏を称えるものの、自力、自分の力によって浄土へ生まれようとする者、自分の力で修行をして浄土へ往生しようと自分自身の力、自ら努める修行をたのみ、観想念仏《かんそうねんぶつ》や称名念仏《しょうみょうねんぶつ》を称える。執着心、自力の執心《しゅうしん》にこだわり、捨てることができない。

念仏の力によって往生を得ようとする心に定まる時、不退転位の人となるであろう。阿弥陀仏の廻向《えこう》の行信（念仏の信心）でなく、他力をたのむことが欠けている。自分の考え、自己の見解に執着する。とらわれる。自力我執《がしゅう》の状態の人たちもいる。

自我に対するとらわれ、最も根本的な煩悩、自我に固執する。五見《ごけん》といい、誤った五つの考え、見解、根本煩悩、すべての煩悩の根本、これが本となって他の煩悩が生じてくる。貪《とん》（貪欲、貪受）。瞋《じん》（自分の心と違うものに対して怒り憎む）。痴《ち》（ものの道理がわからない）。慢《まん》（思いあがって人を侮《あなど》る）。疑《ぎ》（疑う。阿弥陀仏の救いに心を閉じる）。

見《けん》（誤った見解）の六つを生じる。

よく見られる人々の心情である。

（二）邪定聚《じゃじょうじゅう》の人は、自力の善根を頼みとし、阿弥陀仏への本願を頼まない。

（三）不定聚《ふじょうじゅう》の人は、縁があれば有楽の浄土へ往生が可能である。縁、即ち、ゆかり、えにしにより関係を持つきっかけ、機会を得る。宿縁ともいうが、浄土往生が可能となる。過去世につくった因縁、祖父祖母、親が信仰深かった。「たまたま行信を得れば遠く宿縁を喜ぶべきなり」と親鸞聖人が告白する仏縁のありがたさ、前世において阿弥陀仏の方から結んでくださった良縁もある。

逆に仏とも法とも思わぬ縁もゆかりもない人たちもいるであろう。人間を物のように扱い、大切なものを見失い、出口のない迷路に入り込む人もいる。身内の不幸を経験し、仏に導かれ大切なものに気づく。

邪定聚の人を方便要門《ほうべんようもん》の人たちとおさえた。方便は、真実の教えに導き入れる為の仮の手段、手だてを講じて教え導くことである。

真実を顕す為に、仮の手立てとして説かれた教えであり、要門《ようもん》は、かなめとなるところ、浄土に生まれる為の肝要な道、肝要な入門である。『観経《かんぎょう》』に説く定散諸行《じょうさんしょぎょう》に当たる。三門を立て、要門は、自力聖道の人々を誘引する方便に位置づけ『観経』を充《あ》て、拠り処とする経典まで存在する。

定善《じょうぜん》は、禅定の心、精神統一によって静かな安住の境にある心、散善《さんぜん》は、周囲の環境によって動揺して安定しない心、定善は、禅定による観想、散善は、廃悪修善《はいあくしゅうぜん》（悪いことをやめて善いことをする）実践であり、ともに自力作善であるとする。

これらの（一）（二）（三）の三願は、阿弥陀仏の四十八願のうち第十八願、第十九願、第二十願のこの三願にあて、第十九願を諸行往生の方便の願い。第二十願を自力念仏往生の方便の願とおさえて、第十八願は真実の願い、純粋絶対の他力往生の願とする。

この三願に段階を設けて第十九願より第二十願へ進み、第十八願へ進む。と、親鸞聖人は、三願転入《さんがんてんにゅう》の宗教体験を語る。

頓教《とんぎょう》、漸教《ぜんきょう》という仏教語もある。

頓悟《とんご》といい、一足とびに究極の真理を悟る。石をけって悟りを得たという禅の行者の話しを思い出すが、長期にわたる修行を積まないですぐさま成仏できると初めからいきなり深い道理を説く教え、真言、天台、浄土教は頓教《とんぎょう》であると言う。仏の救いの働きによって直ちに無上の悟りを得る。

漸教《ぜんきょう》は、段階をふんで悟りを開くという。

長い間、修行を積んだ後に、悟りに至ることを説く。

大乗の教えに二教あり、頓教、漸教があると言う。人々を導く為に巧みな方便、手段、相手の素質や能力に応じた方法を巧みに用いて教化する。

機に応じていろ〳〵な手段をとり、世の人々を導き利益を与える。仏教はそのような対《たい》機説法《きせっぽう》である。

第一節　日本仏教の夜明け

祖先から伝承している日本の文化は、仏教というものを基調としている。

仏教が日本に何を与えたか。

仏教は日本の国民に何か役立ってきたか。

仏教による救済道、民衆救済の歴史、民衆救済史がそこにはあろう。

道を求め、信仰に人生の歓喜を得た妙好人《みょうこうにん》や無名の民衆も多々あり、大乗仏教の体が、そこにはあった。

仏教には数多くの教え、八万四千《はちまんしせん》の法門があるが、親鸞聖人は、仏教を「本願《ほんがん》の道《みち》」と捉《とら》えた。生死度脱《しょうじどだつ》という人生最大の課題を「本願救済道《ほんがんきゅうさいどう》」として明示された。

本願の道は、是れ久遠《くおん》の道、衆生《しょじょう》を救う道である。

「聞其名号《もんごみょうごう》　信心歓喜《しんじんかんぎ》」（阿弥陀仏の名号を聞いて、その救いを信じ喜ぶ）（『無量寿経』下巻　第十八願本願成就文）

阿弥陀仏の本願を聞いて疑いの心がなくなり、往生が決定して身も心も喜びに包まれる。

仏教の信仰である信心、本願力廻向、他力の信を明らかになされた。

仏法の大海には、信を以て能入とする。

人々を救うところの道、法爾《ほうに》の道理を示した。

念仏して弥陀に助けられる自覚、みずからの悟りの道、自証の道、胸に響く、なる程と頷《うなづ》ける、合点がゆく本当のもの。南無阿弥陀仏の道理、そこに皆が助かる道理、仏教の歴史の根幹を、阿弥陀仏の本願の歴史として見出した。

如是我聞《にょぜがもん》（私はこのようにお聞きしました）。

仏教は「聞《もん》」、聞くということから始まる。

自分が仏教の真髄を聞いたか、聞かぬかということが問題点であり、我れ聞くことかくの如し。

どう聞いたか。聞から聞へ伝わってきたもの。三国七高僧の伝統、願力自然がある。

お浄土が信じられるか、信じられぬか。

本当の安心のあるところにお浄土はあるが、極楽は、楽の充満した世界、楽土であり、極楽は、安楽国、有楽国である。

苦痛がなく、心身穏やかな安楽なる浄土。そのお浄土は、理智では知ることが出来ない。

われらの人生は、理性というものを主として考えている。理性で何でもわかると思う。

古来、理性は、人間と動物とを区別する真偽、善悪を識別する能力である。実践的には感性的欲求に左右されず、思慮的に行動する能力である。理性に従って判断、行動するわれらであるが、信念の根拠はどこにあるのか。

それは、理性ではない。

浄土は、われらの理智によってはかり知ることができない、人間の思惟を超越した境地である。難知、理知では知ることができないもの、難思《なんし》の弘誓《ぐぜい》である。

人間の智慧、才覚、人間の計量というものを超えた境地であり、自力のはからいを必要とせぬ法爾《ほうに》、自然の道理というものを知らないで、すべて人間のはからいをもって解決できるように考え、人間の智慧を主として、知らないものだから小さな人間の計らいをもって解決しようと考える。

この宇宙の中に真実在、真生命があり、生命の躍動がある。宇宙の生命が躍動している。実にまします阿弥陀如来である。

仏との感応道交《かんのうどうこう》の世界がある。

感応道交は、仏と人と、又、教えるものと教えられるものとの気持が相通じ合う。衆生（人々）の機感《きかん》（心の働きが仏の導きを感ずる）仏の応用《おうよう》（仏が衆生人々の心の働きに対応すること）とが相通じて融合《ゆうごう》し、とけて一つになる。心に感じ答える感応、信心が神仏の霊に通ずる。

水すめば月うつるが如く、願う人の心すめば仏の月うつりて利益あるなり。

理性的信仰と違う。なる程と胸に響く。

われらを救う本願が、人々を救済する。本願は、四十八願の第十八願である。

「五劫思惟《ごこうしゆい》の本願といふも、兆載永劫の修行といふも、ただわれら一切衆生をあながちに助け給わんがための方便に阿弥陀如来御身労ありて、南無阿弥陀仏といふ本願を立てましまして（本願を立てた）」

念仏して弥陀に助けられる。念仏して弥陀の誓願不思議に助けられる。

自力の殻を打砕いて他力の信念を廻向してくださる。

摂取不捨《せっしゅふしゃ》、正定聚不退の位に住す。

願が行になる。本願成就の大行阿弥陀、阿弥陀というところの即是其行《そくぜごぎょう》。

「南無《なむ》というのは発願廻向《ほつがんえこう》、阿弥陀仏《あみだぶつ》とは行《ぎょう》なり」（蓮如上人）。

ここに本願成就という救いの根拠がある。

仏の廻向、発願《ほつがん》にわれらに久遠劫来《くおんごうらい》の初事に目を覚ましてもらう。それが信心である。

こちらが選ぶのではなく、向こうから開けてくる。主体性に目覚める。自ら力が湧いてくる。力は、無尽蔵である。

如来の本願力を以て、自ら、本願力を念ずるところに一心がある。疑いなき一心である。

願力を信ずるところにおのづから自然法爾《じねんほうに》ということがある。無為自然《むいじねん》に精進させて頂く。

弥陀仏は、自然のやうを知らせんれうなり

自然法爾は、行者の力の及ばない世界、然は、しからしめられる。

人間の計らいは及ばない。

第十八願、念仏往生の本願の大道は、自然法爾の大道である。

法の力に催され宿善開発《しゅくぜんかいほっ》して来る。弥陀の本願より祈る心が与えられる。

助け給う南無阿弥陀仏。

念仏の智慧に入りてこそ仏恩報ずる身とはなれ。

本願と修行によって念仏という法、本願御法を御成就なされた。

お助けということはどういう意味であるのか。

仏さまは助け手、われらは助けられ手である。

仏法の救いは、やはり一つの自覚である。

一切衆生の助かるべきところの法である。

われ〳〵が救われるとか、救われないということは、念仏を行信するか、しないかというところに原因がある。

お浄土は、南無阿弥陀仏、弥陀仏のお国、本国である。

「聞其名号《もんごみょうごう》　信心歓喜《しんじんかんぎ》」（阿弥陀仏の名号を聞き、疑いなくそのいわれを信じて浄土往生を喜ぶこと）

正覚《しょうかく》の中に本願を聞く。聞いて必ず助けたもうと疑心あることなし。

本願名号を信受する。信じ受け取る。受は一つの心の働きである。

「五劫思惟の願をよく〳〵案ずれば、ひとへに親鸞一人がためなりけり」と語られる。

了解《りょうげ》の世界である。人間が救われていく。

一念帰命《いちねんきみょう》、本願成就の文、願就《がんじょうじゅ》文には、未来往生は説いてなく、「現生不退《げんしょうふたい》」のみ説いてある。今生きている現在の世にて、この地位に達する者は、再び穢土《えど》に退転することがない。もとの位に退転しない。

功徳、善根がいよいよ増進して、もはや悪趣《あくしゅ》（地獄）や二乗《にじょう》（自利の心）に退いたり、悟った菩薩の位（利他救済に専心する位）を失ったりしない。

極楽に生まれた者が、そこから退転しない。くじけず、怠らず行う、堅く信じて屈しない。

乃至一念《ないしいちねん》、一生を通して一念、信の一念、この道理を明らかにしてゆく。臨終まつことなし。来迎待つことなしと語る。

第一項　菩提心

『末燈抄《まっとうしょう》』は、親鸞書簡集の中で最もひろく読まれてきたお聖教である。

集録書簡二十三篇は、本願寺第三世覚如《かくにょ》の次男、従覚《じゅうかく》（一二九五年〜一三六〇年）によって書写され、編集されたもので、六十五歳没の従覚の人生の半ば三九才、一三三三年四月二十五日頃の作である。

その『末燈抄』に、

「……真実の信心をえて念仏を行ずる人は、摂取不捨《せっしゅふしゃ》の道理によって、すでに正定聚《しょうじょうじゅ》の地位にある。だから、臨終をまつことはない。来迎をたのむこともない。信心がさだまるときに、往生のことも決定する。

……正念《しょうねん》というのは、おおいなる弥陀の本願を信楽《しんぎょう》する心のさだまることである。この信心をうるからには、かならず最高の涅槃《ねはん》にいたる。この信心をまた一心《いっしん》という。この一心を金剛心《こんごうしん》という。この金剛心を、また、おおいなる菩提心《ぼだいしん》という。すなわち、他力《たりき》のなかの他力なのである」

信心を得た人は、かならず摂取不捨の利益にさだまり、正定聚の地位にあり、等正覚《とうしょうがく》のひとは、弥勒《みろく》と同じ地位にあり、如来《にょらい》に等しい。

心は常に浄土にある。

この一心、信心を金剛心《こんごうしん》といい、菩提心という。

仏教語、願作仏心《がんさぶつしん》は、仏になろうと願う心である。

即ち、是れ度衆生心《どしゅじょうしん》（世の人々を救おうと思う心）であるという。

願作仏心のこの心は、阿弥陀仏が恵み与えられた信仰心「信心」であるという。

まことの心である。

信仰心は、智慧でもある。

阿弥陀仏の本願は、仏智《ぶっち》即ち、智慧であり、その本願により与えられた廻向の信心に覚《かく》醒《せい》するということは、智慧がおこるということでもある。

阿弥陀仏の「本願」を信ずること。

阿弥陀仏の本願の救いを深く信じて疑わない心、絶対不変の道理に対する疑いのない信、本願を深く信ずるのに、善導《ぜんどう》和尚は『観経疏』散善義にて、「二種深信《にしゅじんしん》」を説いた。

一つは、「自身は罪深い凡夫であって出離の縁はないと信ずること」（機《き》の深信、人の能力の深心）。

二つは、「このような凡夫のわれらをかの仏の本願は捨てず、阿弥陀仏は四十八願を建てて、必ず救ってくださると信ずること。疑わなければ、かならず浄土に生まれることができると信ずること」（法《ほう》の深信、真実の道、永遠の真理、仏道の深心）を明示した。

本来あるがまゝの自分を知ること。

人間とは何であるのか。

仏教の人間観は、人間は、サットヴァー　sattva。satは存在する。Being。生存者を意味する。

漢訳経典では旧訳は衆生《しゅじょう》、新訳は有情《うじょう》と訳している。

「執着《しゅうちゃく》せるもの」「貪欲《とんよく》によって染着《ぜんじゃく》されて、現に存在するもの」「人間は執《とら》われているもの」と、その存在、生存を約した。

人間存在の課題は、執着なきものに目覚めることであろう。

執着《しゅうじゃく》の執は、一つのことに深くとらわれる執心《しゅうしん》である。事物を固執して離さないと妄情《もうじょう》、根の深いとらわれ、自分の心に固執して離さない妄見《もうけん》、とらわれの心、我執《がしゅう》、自己主観の中心となるもの、自我に対する執着である。

自己の見解にとらわれて、おのれを頼み、自己にとらわれる。是非をわきまえず、自己の意見に執着する。自我に対する迷妄《めいもう》、慢心《まんしん》である。自我が存在するという思いをなす慢《まん》心《しん》、自我意識である。おごりたかぶる心、自ら慢心して他をあなどる。心身を煩《わずら》わし、悩ます。煩悩障《ぼんのうしょう》を、私たちは身に具えている。根本無知がさとりへの障害、さまたげとなる。

煩悩の軍勢に、智慧のいのちがそこなわれる。

血気盛んな若い時、煩悩は心身を悩ます。煩悩は、除夜の鐘が知らす百八以上に無限に存在するであろう。

一切の精神作用を、煩悩、特に、色欲が人間の行為を惑乱《わくらん》する。人の心を惑わす。狂わす。正常心を失い激しく動く。理性を失うこともある。煩悩を心身に具えているいわゆる「煩悩具足《ぼんのうぐそく》の凡夫《ぼんぷ》」である人間観、自己認識が必要であろう。炭団《たどん》のように上辺《うわべ》のみでなく真底黒《しんそこ》い。煩悩即菩提《ぼんのうそくぼだい》。煩悩は、そのまゝ悟りの縁になる。「氷多きに、水多し」であろう。人間が生きている姿は、煩悩というローソクが燃えている姿であるといわれる。ローソクが燃え尽き消える、「吹き消える」それがニルヴァーナ、ニッバーナ、涅槃であるという。

涅槃寂静《ねはんじゃくじょう》とは、煩悩が吹き消え、消滅した状態であり、涅槃に入ると言うは、そのような火を吹き消した状態をいうのであろう。

第二項　浄土教の中核思想

一　宗教的主体性の確立

浄土教に依って立つ根拠、その中核となる思想の一つに「厭離穢土《おんりえど》　欣求浄土《ごんぐじょうど》」（苦悩に満ちた現実世界、この世を遠ざかり離れて清らかな浄土に生まれんと願う）があろう。阿弥陀仏の信仰に生きた善導《ぜんどう》は「西方浄土思議難し」（『往生礼讃《おうじょうらいさん》』）。浄土は、人間理性のとどかないところに存在する、思いはかることができない、と語る。

人間が、弥陀によって救済される。それは、人間中心主義的の宗教ではない。「現にこれ罪悪生死《ざいあくしょうじ》の凡夫《ぼんぷ》……」（『観無量寿経《かんむりょうじゅきょう》』の人間観は、機の深信《じんしん》「機法一体《きほういったい》」の信仰体験である。

機の立場、衆生の立場に立ってみる。人間の有限性の自覚の上に立つ機の目覚めである。「本願のかたじけなさよ」法の自覚、救済の自覚である。

「煩悩具足《ぼんのうぐそく》のわれらは、いずれの行《ぎょう》にても、生死《しょうじ》をはなるることあるべからず」（『歎《たん》異抄《にしょう》』）

阿弥陀仏や浄土が、民衆に信知せられるということ、それはどういうことか。信仰的に知られる。信仰のない者には知られない、個人の信仰に依存していると言う。その信仰が、弥陀廻向の賜《たま》ものであるということによって特色づけられる。

二　廻向論《えこうろん》

人間には、阿弥陀仏の本願を信ずる力もなく、その信は、阿弥陀仏によって与えられたものと考える。信ずる力のない人間が、阿弥陀仏によって信じさせて頂ける、他力廻向の信をいう。救済は願力のひとり働き、金剛不壊《こんごうふえ》の信心である。

弥陀より賜わった信心、他力信仰、他力廻向、本願のひとり働きである。

衆生の側に廻向せられた信を受けとる力がないならば、浄土の信は成立しない。

受ける力がどこにあるのか。

衆生は、対応する力を持たぬ。

衆生は、極悪深重《ごくあくじんじゅう》「曠劫《こうごう》以来常沈《つねにしずみ》、常に流転《るてん》して出離《しゅつり》の縁《えん》あることなし」地獄必定である。救済の可能性絶無である。〈機の深信〉このような機の深信の上に絶《ぜっ》対他力《たいたりき》が働く。

阿弥陀仏の力がどうして受領せられるのか。

衆生に如何にして受領せられるのか。

三　悉有仏性論《しつうぶっしょうろん》

仏性の問題がある。仏になる可能性としての因子《いんし》、仏になる素質である。
大乗仏教ではすべての者に、それが働いている仏性《ぶっしょう》がある、という（最澄《さいちょう》）。
仏性をどのようなものと解するのか。
衆生の中にある仏的契機、決定的要因、きっかけを意味する。

a　仏的契機を本来持っている、という説。

b　それを認めない説。

両論がある。
阿弥陀仏の大願業力《だいがんごうりき》によってこれを開覚し、成立させようという説もある。
親鸞聖人は『教行信証《きょうぎょうしんしょう》信巻』信楽釈に
「涅槃経の四無量心《しむりょうしん》を仏性となし、大信心を仏性となし、一心地を仏性となす」
と、大信心を仏性と考えていた。
『浄土和讃』にも、
「信心よろこぶそのひとを如来とひとしとときたまう。大信心は仏性なり、仏性すなはち如来なり」

『唯信鈔文意《ゆいしんしょうもんい》』には、

「涅槃をば滅度といふ……仏性すなはち如来なり。この如来微塵世界《みじんせかい》にみちみちましま す。すなわち一切群生海の心にみちたまえるなり。草木国土ことごとくみな成仏すととけ り。この一切の有情の心に方便法身の誓願を信楽するがゆえにこの信心すなわち仏性な り」と。

存覚《そんかく》の『顕名鈔《けんみょうしょう》』は「一切衆生悉有仏性《いっさいしゅじょうしつうぶっしょう》」といい

覚如《かくにょ》の『改邪鈔《かいじゃしょう》』には「本願の不思議をもつて……」とある。

衆生が、仏性を本来もっているならば、むまるべからず者という必要はない。

衆生が、仏性を本具していて、それが因となって仏果を証得《しょうとく》するなら、仏果を証得す るのは自力の力によるのであるから、純他力とは言えないではないか。

a、本具仏性を否定する立場には柔遠《にゅうおん》（一七四二年～一七九八年）『六要鈔指玄録』 (巻七)、「無仏性、法相宗の徳一応和」の宗論がある。

b、本具仏性を肯定する立場。信心仏性説。

東本願寺の香月院深励《こうがついんじんれい》（一七四九年〜一八一七年）は、『教行信証講義』（第三巻、八巻）『選択集講義』（巻二）にて「信心仏性というは如来廻向の信である」と救われた自己を明示する。

自身の凡夫性の徹底的自覚の上に立つ浄土教である。

凡夫の自覚から他力救済の自覚に転じた時、真仏とは、智慧を主体とし、慈悲を作用するものを言う、主体的なものであろう。

現代の人間、現代人は、人間中心主義の限界を知らされ、理性の限界を知った現代人は、人間の自律性と理性の限界を信頼することができなくなった。

信仰は、人間の有限性の徹底的自覚である。

常なきものの自覚は、永遠なるものへの思慕、帰依の心をよびさます。永遠なるものへの帰依である。

自己の力によって自己の救済が可能であれば、他に救済者を求める必要はない。主我的な在り方は、自分が世界の中心にあって、世界は自分中心に動いている。

無常観《むじょうかん》に基づく自己の無力の自覚、自己の有限性の上に救済者に対する帰依、信仰も増大する。無我的主体《むがてきしゅたい》である。

信仰が次第に深まるにつれて、弥陀と私の距離は近くなり「弥陀同体の悟り」といわれる状態に達する。永遠の生命に生きるわれらとなる。

善導の三心の解釈は、「念仏の申さるるも如来の御はからいなり」

至誠心《しじょうしん》、心を至して。深心《じんしん》、深く信ずる心、深信、念仏の深さが問題となる。

横超《おうちょう》、名号は、創造力をもって救済的働きをもつ。名号によって、われらは真の自己にめざめさせられ、この信仰の事実は、理性を超えたものであり、信仰の論理、還相の論理でもある。

第三項　浄土教の中心概念　本願の主体的理解

本願とは一体何であろうか。

本願とは、私自身にとってどのような意味をもつものであろうか。一体何であるのか。

本願とは、生ある一切のものを救うおうとして立てた誓願《せいがん》である。

阿弥陀仏の四十八願のうち第十八願を本願、王本願《おうほんがん》というが、一切の生きとし生けるものを救わんとする誓願《せいがん》、誓いである。

智慧《ちえ》と慈悲《じひ》に満ちた理想的人間像、本願思想の起源は、仏陀の智慧と慈悲の精神に求めることができるであろう。本願思想は、大乗菩薩道において見られ、代表的なものとして法蔵菩薩《ほうぞうぼさつ》の願行《がんぎょう》がある。法蔵菩薩の発願《ほつがん》と修行物語があろう。法蔵比丘《ほうぞうびく》の浄土建立《じょうどこんりゅう》の願が、徳行《とくぎょう》のすばらしさによって成就せられ、法蔵比丘の修行に報い、実証の万徳を得られた。それが阿弥陀仏である。

そのお蔭もあって、本願力によって阿弥陀仏のみ名を聞き、西方浄土に往生しようと思えばみなこと〴〵往生できる。

有名な『無量寿経《むりょうじゅきょう》』の四十八願である。この本願を中心とした経典の所説が善導、法然の心をゆり動かし、念仏往生の道を発見、樹立するわけである。

和顔愛語《わげんあいご》は、浄土教の生活態度をあらわす人間像の主要な特徴である。日本人の人間形成を報身如来《ほうじんにょらい》と理解して、弥陀の本願を説くことが釈尊出世の本懐であった。

阿弥陀仏は光の仏、智慧の光、無礙《むげ》の光、清浄な光、歓喜の光であるという。

念仏往生の願い、第十八願は、阿弥陀仏の正意のきわまりであろう。

一生造悪の人、悪を造り、一片の善も作ることのない人たち。人は、みな一生造悪の凡夫にすぎぬと、このような人こそ救済の対象にして、「十悪の法然房、愚痴の法然房」と自己省察《しょうさつ》の告白をしている。

身《しん》、口《く》、意《い》の三業による十種の罪悪を問題とし、身三《しんさん》、殺生《せっしょう》、偸盗《ちゅうとう》、邪婬《じゃいん》。口《く》四、妄《もう》語《ご》、両舌《りょうぜつ》、悪口《あっく》、綺語《きご》。意三、貪欲《とんよく》、瞋恚《しんに》、邪見《じゃけん》のわが身、その生存の在り方を問題とする。

仏教の教えをそしる、けなす、誹謗正法《ひぼうしょうぼう》の罪は救済にもれ、そのような悪人は、救済の対象とはならない。

ところが、「悪人をも救う。いはんや善人をや」という。そして十声《とこえ》の念仏（善導）、十念、称名念仏《しょうみょうねんぶつ》、口称念仏《くしょうねんぶつ》の救いを提言する。

凡夫の往生を目的としていて、聖人君主も含んでいようが、まず第一に罪悪の凡夫を救いの対象としている。

凡夫救済の誓願

人間救済、庶民を救う救済観をうちたてる。ただ漫然と生きている人もいるが、自分のはからいや努力や自力のつきた時、人は、自己の力の限界を知り、自己を放棄した時、本願力の救いを自覚する。

われ〳〵がどんなに自己の力をたよりとし、自己こそ唯一の寄る辺と力んで見ても、本願力に依らぬ自力でのわれらの救済は、不可能である。

本願とは、宇宙に遍満《へんまん》する広大な智慧と慈悲の精神の働きである。宇宙には私たちを見守り育て、はぐくんでいる大きな力がある。

それを本願力と言ってよいと思うが、目に見えないが大きな本願力が宇宙に遍満《へんまん》していて、われらに働きかけている。本願力は、智慧と慈悲の結晶である。人間の力では推測できぬ。この本願力を始めて自覚した人がゴータマ・ブッダであった。

阿弥陀仏の救いを信じ、念仏して人生を全うした仏教者が有名な法然上人、親鸞聖人である。

法然上人が心の師とした善導和尚。五〇〇年の時間的へだたりを超えて、同じ念仏信仰に生き、本願を信じ、救済を信じた。

信こそが、本願の仏教の基をなす第一信仰の信であろう。

先達、北魏の曇鸞《どんらん》を師とし、仏願に乗託《じょうたく》する。「願に乗ずるを我が命となす」。有縁の人々の為に、ひとえに浄土の法を説くべき、その利他行が先であり、自利は後である。教化を先にし、自利行は後であり、還相の誓願。還相力により人々を浄土に導く。親鸞聖人が頷《うなず》いた仏教がここにある。言って見れば往還二廻向念佛論である。念仏と言えば、阿弥陀仏を念ずること「なむあみだぶつ」と口で称える口称《くしょう》の念仏を一般的に言う。

お念仏は、はじめ諸仏、もろもろの仏さまを対象として念仏をしたが、次第に弥陀一佛に限定されるようになる。

しかし、念仏についてはいろ〳〵な種類があることに驚く。

一　摩訶止観《まかしかん》の念仏

天台宗の開祖、智顗《ちぎ》の「摩訶止観」を学び、そこで称える念仏がある。摩訶は大、大きな、偉大なを意味し、止観は心を静めて一つの対象に集中し（止）正しく観察すること（観）をいう。

あれこれと思いわずらわない。精神の整調と如来の観察である。念仏は止観の助行として称名念仏《しょうなねんぶつ》する念仏である。

二　往生要集《おうじょうようしゅう》の念仏

往生の業は念仏をもって本と為す。

源信《げんしん》は『往生要集』にて「往生之業念仏為本《ねんぶついほん》」と訓じた。

極楽浄土に往生するのには、念仏が最も大切な根本をなす行為であると、観察と称名を双修することを勧める。

三　善導勧化《ぜんどうかんげ》の念仏

教えてよい方向に導く。仏の教えをすすめる念仏と言える。

善導《ぜんどう》（六一三年〜六八一年）は、中国浄土教、曇鸞《どんらん》、道綽《どうしゃく》の流れを大成した唐代の僧である。

『観経疏《かんぎょうしょ》』以下、五部九巻《ごぶきゅうかん》の著作があり、善導は、他力念仏宗を大成した高僧である。

称名、本願の念仏の一行を提唱する。

法然上人の浄土教は、他力念仏宗である。順彼仏願故《じゅんぴぶつがん》、仏が立てた衆生救済の誓願にかなう浄土往生を決定する行為を正定業となす。

これらの念仏論はよく知られている。

念仏には種類がある。

一　接心《せっしん》念仏　心におさめて散乱させない心を集中して座禅に専注すること。

二　数息《すそく》念仏　呼吸の回数を数えて心の乱れを停止する観法。正しい禅定に入る為に行う。

三　参究《さんきゅう》念仏　仏前に参って静坐《せいざ》し、悟りを求め、真理を究明する。

四　看話《かんわ》念仏　看は参究工夫、話は公案。師家から与えられた公案を考えながら座禅修行する方法。

五　融通《ゆうづう》念仏　良忍《りょうにん》が開いた融通念仏宗で唱える念仏。自他の唱える念仏が溶け合って一体となること。

六　秘密《ひみつ》念仏　密教の立場から真言と念仏を融合したもの。口に念仏を唱え、心に仏名の義意を念ずる観称一致の念仏をいう。

七　釈迦《しゃか》念仏　釈迦牟尼仏《しゃかむにぶつ》の名を唱え、これを善根として悟りを願うもの。「南無釈迦牟尼仏」等と唱える。

八　薬師《やくし》念仏　薬師如来《やくしにょらい》を念ずる。

九　弥勒《みろく》念仏　釈尊の入滅後、五十六億七千万年後に出世する弥勒菩薩《みろくぼさつ》に念仏する。念仏の実修の仕方にもいろいろあろう。

一　結社念仏《けっしゃねんぶつ》　信仰を同じくした同信の組織である。念仏の為に集まった二十五三昧会《にじゅうござんまいえ》、勧学会《かんがくえ》はその例である。

二　念仏会《ねんぶつえ》　念仏を行う為に催す法会である。

三　念仏講《ねんぶつこう》　念仏を行う講である。念仏を信ずる人達が特定の日に集まって念仏を行う。

四　不断念仏《ふだんねんぶつ》　比叡山では『般舟三昧経《はんじゅざんまいきょう》』に基づく常行三昧《じょうぎょうざんまい》の不断念仏が円仁《えんにん》の頃から行われ、山の念仏と言われた。

五　常念仏《じょうねんぶつ》　一定の日時を定めて昼夜休みなく弥陀の名号を称えた。

六　別時念仏《べつじねんぶつ》　念仏の行者が、念仏を怠るのを防ぐ為、一日、十日、或いは九十日というように、特定の期間を限って行う念仏のこと。知恩院や各地の古刹や尼僧院《にそういん》で行われた。

七　六時念仏《ろくじねんぶつ》　昼夜六時に念仏をとなえる行。

八　寒念仏《かんねんぶつ》　寒中三〇日の間、明け方に山野に出て声高く念仏を唱える修行。多く僧俗で行われた。

九　百万遍念仏《ひゃくまんべんねんぶつ》　百万回、仏菩薩の名号を唱える。主として阿弥陀仏の名号を称える。
一〇　真読念仏《しんどくねんぶつ》　経典を読む時、その文句を略さないで丁寧に読誦《どくじゅ》すること。
一一　六字分明の念仏　南無阿弥陀仏を一字一字明確に発音しながら称名念仏することによって他力の信仰を確立、道力を養成する。
一二　訛略《かりゃく》念仏　語のある部分が省略され変化している。
一三　比叡山には、引声《いんぜい》念仏　中国五台山の法道《ほうどう》から伝えられた声を長く引いて称える念仏がある。
一四　甲《こう》念仏　仏名を甲《かん》（高音）の調子で唱える法。大法会の行道のときなどに用いる。
一五　歌《うた》念仏　念仏や歌曲を節をつけて歌う念仏。
一六　踊《おどり》念仏　空也念仏、六斎《ろくさい》念仏、時宗の念仏。躍りながら念仏する民間念仏である。
一七　六斎《ろくさい》念仏　在家の人が身心を清浄にたもち、八斎戒《はちさいかい》を守り、八、十四、十五、二十三、二十九、三十の六日に鉦鼓《しょうこ》を鳴らして念仏した。
一八　葛西《かさい》念仏　踊念仏の一種。江戸時代末期、武蔵野国葛西の農夫が鉦、笛、太鼓のはやしにつれて、念仏を唱えながら江戸市中を踊り歩いた。泡斎《ほうさい》念仏ともいう。決まった拍子もなく、左右に飛び跳ね、頭をうなだれて尻を振り、ものに狂ったように躍る葛西念仏が狂人の法師、泡斎の躍るのに似ていたのでかく呼称された。

一九　嵯峨《さが》念仏　嵯峨《さが》の大念仏とも言う。陰暦三月六日から十五日迄の十日間、嵯峨、清涼寺《しょうりょうじ》で催される融通《ゆうづう》念仏。弘安二年（一二七九年）円覚が始めたと伝えられる。

二〇　壬生《みぶ》念仏　念仏の六字を正しく「なむあみだぶつ」と唱えないで「なまみたぶ」「なまんだぶ」と唱える。

二一　音聲《おんじょう》念仏　声を出して仏の名を唱え、経を読む。

二二　五念念仏《ごねんねんぶつ》　五音の曲調に合わせて音楽的に六会に分けて念仏する。

五念門念仏のこと。阿弥陀仏の浄土に生まれる行。

一　礼拝門《らいはい》　阿弥陀仏を礼拝する

二　讃嘆門《さんだん》　阿弥陀仏の名をほめたたえる。

三　作願門《さがん》　阿弥陀仏の浄土に生まれたいと一心に願うこと。

四　観察門《かんざつ》　阿弥陀仏の浄土の功徳をさまざまに観察すること。

五　廻向門《えこう》　他のすべてのものが浄土に生まれることができるよう、その手だてとしてめぐらし、共に成仏しようと願う。

二三　本願念仏《ほんがんねんぶつ》　阿弥陀仏が本願に示された往生極楽の為の念仏。他力廻向の念仏である。

二四　智慧《ちえ》の念仏　阿弥陀仏の光明は智慧そのもので、当然、名号は智慧であるから、智慧の念仏をさずけしむ。

二五　愚鈍念仏《ぐとんねんぶつ》　愚かで思い悩み、ものの理非がわからない無明そのまま称える念仏。

二六　専修《せんじゅ》念仏　ただ阿弥陀仏の名を称えることに専念する。称名念仏を正定の業とする。

二七　自力《じりき》の念仏　自分の力で浄土往生を得ようという自力の心で唱える念仏。

二八　他力《たりき》の念仏　阿弥陀仏の本願の力による願力廻向の誓願の念仏。

二九　尋常念仏《じんじょうねんぶつ》　日常の念仏。

三〇　臨終念仏《りんじゅうねんぶつ》　死に臨んで仏の来迎を期待して申す念仏。

三一　平生念仏《へいぜいねんぶつ》　平生業成。阿弥陀仏の来迎引接を重視しない。

三二　定心念仏《じょうしんねんぶつ》　静かな心でおもいを凝らしてする念仏。

三三　散心念仏《さんしんねんぶつ》　日常の乱れた心でする念仏。

三四　日課念仏《にっかねんぶつ》　毎日つとめとして数を決めてする念仏。

三五　長時《じょうじ》の念仏　日常、時処を選ばずにする念仏。
三六　多念《たねん》　数多く念仏を称える。
三七　一念《いちねん》　一声をとなえる一声〱の称名によって罪を滅する念々滅罪の念仏。
三八　声高念仏（大念仏）　大声に称名する。
念仏論を列記してみたが、五念念仏、本願念仏、他力の念仏、平生念仏、一念等に、われらの関心がそそがれることであろう。

第四項　人々に仏教を平易に語る姿勢の重要性

現代国語、当用漢字を学んだ現代人は、書店に並ぶ様々な書籍を手にし、興味ある小説や雑誌、漫画等を読み読書を楽しむ人も多い。一方、活字離れも進む社会の状況である。仏教書を手にした時、仏教語は、日本語であるにもかかわらず、本当に日本語であるかと思うほど難解で仏教の言葉が理解できない人も多い。

『広辞苑』や、座右の銘とする日本語の辞書を引いて見ると、日常化した仏教語が多々みられるものの、『仏教辞典』を机上に置き、仏教語の意味を調べ、その意味を現代文で吟味せぬ限り、一般的な今日の学校の国語教育では仏教語の理解は難しく、程遠いように思われる。

私自身、大学で一年間、社会福祉学を専攻し、二年生の時にインド哲学仏教学科に転科し、仏教概論等の仏教入門編を学ぶことになったが、学生同志の会話に出てくる言葉も初耳で、思わず「それ、どういう意味？」等とよく聞いてしまった。

「君、在家《ざいけ》という言葉の意味も分からないの」と、知らなさに恥をかく始末、四諦《したい》、十二因縁《じゅうにいんねん》、空観《くうがん》、縁起観《えんきかん》など、学者ならばごく当たり前に文章に使う仏教語が、まるで未知の言葉のように正直理解できなかった。

「唯識《ゆいしき》三年、倶舎《くしゃ》八年」仏教を学習をし、理解するのには、真剣に取り組んだとしても、理解できる段階にまで向上するのには、少なくとも三年〜八年の歳月を要するという格言である。

このような現代国語と仏教語の言葉の壁を乗り超えて仏教を理解する基礎知識を得る為には、それ相当の学習努力が必要となる。素人には、学者や専門家の言語領域に簡単には踏み込めない状況にあろう。

文章の達人である新聞記者の人の著述『般若心経講義《はんにゃしんぎょうこうぎ》』等やさしい解説書も見られるが「仏教の言葉は、難解である」というのが実感であろう。

仏教に関心をもち、仏教の「いろは」を学ぼうとすると仏教語に面食らう。だから、人々の仏教理解の進展が難しいのだとも語られる。

仏教を平易に語る、誰にもわかるように仏教を説く。

仏教語によらず、もっと平易な言葉で仏教を人々に説くことができるならば、現代仏教も民衆の仏教として人々に歓迎されるに違いない。

難しい仏教語や術語をならべての専門家の博学な仏教書の世界から早く抜け出せる勇敢な改革が必要であるかも知れない。

仏教語でないと真意が伝わらないという側面もある。専門用語の方が理解も表現もやさしいという専門家の声も聞く。理解できるレベルに読者が達すれば、何等問題なしと思われる。

人々に理解されて初めて仏教の心がその人に響くとするならば、この点の創意工夫が求められ課題になるということは、あらゆる人々の救済を語る大乗仏教精神としては必須なことであろう。

難しい修行道を「一声《ひとこえ》の念仏」「十声《とこえ》の念仏」と教化に導いた高僧などの心情に照らしても、人々に理解される文章、著述活動は、大切な心得として考慮されるべきで、若い人たちの仏教理解の為には、これらの創意工夫が求められるであろう。大切な現代社会の課題、主要な事柄であるに違いない。

「人々に理解されてこそ」という視座を忘れてはならぬと、自戒する処でもある。

それにしても平易に仏教を語る。このことも「言うは易し、行うは難し」の感をぬぐえない。

どれだけ民衆側に近づけるか。

ここに民衆を救う仏教が新しく生まれることになろう。

仏教をやさしく、誰にでも理解できることを共々心掛けたい、と思う。それは、一つの願い試練であろう。

第二節　念仏の意味

現代の人間にとって念仏は、どのような意味を持つか。

浄土門の修行は、愚痴にかへりて極楽に生まれる。

聖道門の修行は、智慧をきわめて生死をはなれる。

自らの智慧をきわめて、生死を離れる聖道門の教えを捨てて、口称念仏《くしょうねんぶつ》の生活に入る。愚痴にかえって念仏することによって浄土に生まれる。生死のわずらいを超えて安心立命《あんじんりつめい》、念仏三昧《ねんぶつざんまい》の生活を送る浄土門はどのような意味があるのか。

「己が能を思量せよ」と親鸞聖人は諭す。

ソクラテスは「汝自身を知れ」と云う。

親鸞聖人が、師と仰いだ源空《げんくう》、法然上人は、仏道修行の三つの眼目について、戒《かい》、定《じょう》、慧《え》、三学《さんがく》、即ち戒を保つこと。禅定、心の動揺を静めること。慧、真理を証得する。その一つにもたえ得られぬ器のわれらであるという。

三学のほか、自己の根本、すべての人にあって、仏の教えを受けて発動する能力、教え

の対象としてのそれを受けるものの能力にふさわしい仏法を見いださんと一切経を読み、努力をし、善導《ぜんどう》の『観経疏《かんぎょうしょ》』の、

「一心専念弥陀名号　行住座臥　不問時節久近　念々不捨者是名正定之業　順彼仏願故」文によって、阿弥陀仏のみ名を称えることで救われる、という確証を得た。

わが名を呼ぶ者は救われるという。阿弥陀仏の本願によるから、阿弥陀仏のみ名を称えることによって救われる。

この本願を信じ仏名を称すという易行易修《いぎょういしゅう》の実践によって、浄土に往生することができるという自覚である。

戒、定、慧の三学のうち、「いずれの行も及び難く、実修し得る器《うつわ》にあらず」という自覚に立つ法然上人にとっては、天来の救いの声であったであろう。

弥陀の本願を信じて、安心立命を得る道の発見であった。

阿弥陀仏とその浄土、釈尊によって自覚された法《ほう》（ダルマ）が、智慧と慈悲として釈尊に人格化され、転法輪《てんぼうりん》が行われ、更にそれが発展して救済仏としての阿弥陀仏となって表現せられたという釈迦弥陀一体論《しゃかみだいったいろん》が語られるが、北魏《ほくぎ》の曇鸞《どんらん》は、阿弥陀如来は、真如《しんにょ》より

来生したもので、永遠不変の真理、生滅を超えた普遍の真如を報身《ほうじん》（化身）と捉《とら》えた。

親鸞聖人も、

「弥陀如来は如より来生して、報応化種の身を示現す」と。

阿弥陀仏の根源は、如《にょ》であり、法性《ほっしょう》（一切の存在、現象の真の本性）である。真如自体が、人格化されて人間に近いその姿を現した。

仏の法身は、永遠の理仏としての仏、久遠実成《くおんじつじょう》の釈尊の説いた教法や仏の成就した十力《じゅうりき》などの功徳の法、真理そのものである。阿弥陀仏をさす。阿弥陀仏の浄土に生まれて得られる真理の悟り、父母より生まれた生身の人間に対して仏の教えを実現する身である。

応身《おうじん》は、応現《おうげん》した体である。他の人を救う為に、その機根《きこん》（仏の教えを受けるものの能力）に応じた種々の姿を現われた応化身《おうげしん》、化身《けしん》である。

化身は、仏が、人々を救う為に、それぞれに応じて人や鬼等の姿が現れた変化身で、菩薩や高僧等が人の姿に変えて現れる、変化身《へんげしん》である。

阿弥陀如来は、如《にょ》、真実にして変わらない真理、真実そのもの。永遠不遍の変わらない真理より来生して報身《ほうじん》、応身《おうじん》、化身《けしん》の様々の身を現すという。

従って、阿弥陀仏の根源は、如であり、法性《ほっしょう》、法そのものである。真如《しんにょ》自体が人格化されて、人間の姿にあらわれた。

阿弥陀仏の信仰に生きている人ならば、阿弥陀仏は十劫正覚《じっこうしょうがく》、阿弥陀仏がかってたてた本願を完成して仏となってから今に至るまで、極めて長い時間を経て、阿弥陀仏が本願を成就、悟りを開かれた。阿弥陀仏は、極楽浄土から今現在説法の弥陀と主体的に受けとめられ、阿弥陀仏は、愚夫愚婦によって代表される人間一般の救済仏、光といのちのはかり知ることのできない永遠の生命として信仰されて、苦しみ悩む人の胸に涙の谷にすゝりなく人々、息たえなんとする人の心に救い主として姿をあらわす。

信仰の眼のひらけた人に、浄土は存在するであろう。徹底的な凡夫の自覚に立った法然上人は、

「一称（一声の念仏）も、一念も、阿弥陀にしられまいらせずという事なし。されば摂《せっ》取《しゅ》の光明は、我が身を捨て給う事なく、臨終の来迎はむなしき事なき也」（『示或人詞』）

と、阿弥陀仏の摂取の光明の中に臨終の来迎を信じきっていた。

「極楽は無為涅槃《むいねはん》の界なり」（『法事讃』下）

永遠に変わらない（常）。苦しみのない（楽）。他に束縛されない（我）。煩悩のけがれのない（浄）。極楽は、常、楽、我、浄の涅槃界、絶対究極の悟りの世界、極楽浄土であるとの宗教的覚悟をもっておられた。

第一項　法然上人の念仏

弥陀の本願力によって浄土に往生するには、念仏の一行《いちぎょう》が根本である。極楽に往生する行為としては「念仏をもって本《ほん》とする」（『念仏為本《ねんぶついほん》』）の意、念仏往生《ねんぶつおうじょう》の願いを明らかにされた。

「ただ一向に念仏すべし」（『一枚起請文《いちまいきしょうもん》』）口先《くちさき》だけの念仏でなく、身《しん》、口《く》、意《い》の三業《さんごう》の私たちの生活全体が念仏になること。それは念仏者に対する誡《いまし》めであった。

法然上人門下に鎮西派《ちんぜいは》という一派がある。弁長《べんちょう》が祖であり、築後に帰って念仏普及につとめ、弟子、然阿《ねんあ》、良忠《りょうちゅう》は、関東に布教をした。

その流れは、関東三派（白旗、藤田、名越）、京畿《けいき》三派（一条、三条、木幡《こはた》）を形成し、白旗、名越派が今日の浄土教の本流となった。

その教義は、念仏を称名《しょうみょう》の行《ぎょう》と解し、すべての善い行為、通の念仏、本願の行である念仏、称名念仏、別時の念仏とを分ける。

更に、三諦円融《さんたいえんにゅう》の理を説く。空《くう》、仮《け》、中《ちゅう》の三諦が究極において、それぞれ別々のものではない、相互に障《さわ》ることなく、完全に溶け合っている。

わずかひと思い、一念の中に三諦が究極において個々別々のものではなく、完全に一つに溶け合ったものだという道理を観想し、一心に内観して念仏する。

三重の念仏。一、『摩訶止観《まかしかん》』に明かす念仏。二、『往生要集《おうじょうようしゅう》』にすゝめる念仏。三、善導の念仏を明らかにする。

三重の念仏とは、人の資質に応じて、念仏をその内容から上、中、下に分けている。

一　天台宗の摩訶止観《まかしかん》のあかす、一心三観《いっしんさんがん》の念仏。その観法は、一切の存在には実体がないと観ずる空観《くうがん》、一切の存在は仮に現象するものであると観ずる仮観《けかん》、この空、仮の二《に》諦《たい》を別々のものとしない中観《ちゅうがん》の三観を、ひと思いの心に同時に観じとる実践、三観それぞれが他の二観を具えていることを観ずる実践修行を強調する。

二　『往生要集《おうじょうようしゅう》』のすゝめる観念の念仏は、心静かに思いを対象に集中して観察し、思念する。真実の理法、仏等に心を専注して深く思いをひそめる。

三　観念《かんねん》念仏は、観念して念仏する。心に阿弥陀仏の相好《すがた》、光明や化身、実相等を観察、憶念することで口称念仏《くしょうねんぶつ》を伴うこともある。口称念仏に対して用いる。口に仏、菩薩の名を称える。主として阿弥陀仏の名を称える。口に出して「なむあみだぶつ」と言う。

善導勧化の口称念仏《くしょうねんぶつ》、この三種の念仏を、三種の念仏といっている。

又、念仏を、

一　諸師所立《しょししょりゅう》の念仏（諸々の師が成立された念仏）

二　本願の念仏　仏菩薩が過去世においてたてた衆生救済の誓い

三　選択本願の念仏　阿弥陀仏の選び抜かれた本願に誓われている南無阿弥陀仏の念仏に三分し、やはり三重の念仏という。

浄土宗西山派は、十四歳で法然門下となった証空《しょうくう》（一一七七年〜一二四七年）を祖とするが、慈円《じえん》から譲られた京都の西山の善峯寺《よしみね》に住したことから西山流という流派がおこった。

法然上人の『選択本願念仏集《せんちゃくほんがんねんぶつしゅう》』の選述を助けた人である。「念仏のみにより往生する」という全く他力本願を主張。その門下に異議があり、多くの法系に分かれた。

証空は、仏の救済力、念仏者の臨終に阿弥陀仏が聖衆と共に迎えに来て浄土につれて行く来迎《らいごう》、衆生を定散、禅定の心、定心、精神統一によって静かな安住の境にある観想と散乱の心、周囲の環境によって動揺して安定しない心、廃悪修善の実践、共に自力の心、来迎が定散の機の上にあらわれたのを念仏とする。

時宗の開祖、一遍《いっぺん》（一二三九年〜一二八九年）は、十歳で出家、西山派の聖達《しょうたつ》や華台《けだい》に学び、信濃（長野県）善光寺に参籠《さんろう》し、伊予窪寺の修行を経て、「十一不二頌《じゅういちふにじゅ》」に代表される独自の宗教的悟りに達した鎌倉中期の僧である。

「南無阿弥陀佛、決定往生《けつじょうおうじょう》六十万人」という名号札を配り、全国各地に念仏を勧進して、人々に勧めて、仏道に導き、善に向かわせ、遊行上人《ゆぎょうしょうにん》と呼ばれた。

踊念仏による布教で教線を拡大し、名号札賦算《ふさん》は、二五〇万人、門弟約千人に及んだという。

兵庫県真光寺《しんこうじ》に廟所《びょうしょ》がある。

『一遍聖絵《いっぺんひじりえ》』（『一遍上人絵伝《いっぺんしょうにんえでん》』）が教化の様子を伝えている。

門弟の聞き書きを『播州法話集』『一遍上人語録《いっぺんしょうにんごろく》』が思想を伝える。

この一遍上人、名号一念を念仏とし「当体（ありのまゝ）の念仏」三業、身と口と意の三つの働きのほかの念仏、離三業の念仏などという。

親鸞聖人（一一七三年〜一二六二年）浄土真宗の開祖は、九歳の時、慈円《じえん》のもとで出家。範宴《はんねん》と号し、比叡山で堂僧として修行。一二〇一年、夢告《ゆめのおつげ》により法然上人の門下に入り、専修念仏《せんじゅねんぶつ》に帰依《きえ》、綽空《しゃっくう》と号した。

比叡山や興福寺の衆徒による念仏禁止要請を受けた朝廷の念仏弾圧により、越後国国府に流罪を受け、藤井善信《ふじいよしざね》として還俗した。

配流後、親鸞聖人は、自らを愚禿《ぐとく》（愚かな僧、頭を剃っている者）と好んで用いた。

五年後、放免されたが、更に二年越後にとどまり、妻恵信尼《えしんに》らを伴い関東への布教に旅立ち、以後、常陸国《ひたちのくに》（茨城県）稲田を拠点として二十年間、東国布教に専念した。

初期真宗教団が成立。真仏《しんぶつ》、顕智《けんち》、性信《しょうしん》、善性、順信《じゅんしん》、唯円《ゆいえん》、如信《にょしん》等がよく知られている。

親鸞聖人は、東国在住中に『教行信証《きょうぎょうしんしょう》』を著わし、根本教義を説き、帰京後、手を加え、完成を見たといわれている。

京都では『三帖《さんじょう》和讃《わさん》』『愚禿鈔《ぐとくしょう》』等の著述にて門弟の教化に努めた。

一二六三年、三条富小路の善法坊で没し、大谷に納骨。東国門徒により墓所が改修され、大谷本廟が営まれ、後に本願寺となった。

その念仏論は、称名念仏、他力廻向の真実の行としての本願念仏、阿弥陀仏の四十八願のうち第十七願、選択称名の願、信の念仏と理解されている。

一　弥陀をたのむ信の一念

二　信後の報恩行としての称名。仏の恩に報ずる仏恩報謝の称名、感謝の行為の称名念仏を説く。

三　衆生、人々に信心させて称えさせる根源である名号《みょうごう》を、それぞれ念仏としている。

以上、念仏は、教学上多様な意味をもち、多角的な救済論を展開している。

大切なことは、求道的関心のもとに仏教を学ぶということ。

自己の問題解決の為、仏教を学ばんとする姿勢であり、それによって生死度脱の智慧、本願念仏道が明らかになるであろう、ということである。

第二項　三昧発得《さんまいほっとく》の宗教体験

念仏は、初めは「観念《かんねん》の念仏」が行われていた。

心静かに思いを対象に集中して観察し、思念する。真実の理法、仏等に心を専注して深く思いをひそめる観念の念仏であった。

後に「称名念仏《しょうみょうねんぶつ》」に変わってきた。

称名念仏、口のなかに念仏を称える口業《くごう》の念仏である。言葉による念仏行為である。

たゞお念仏を唱える。これは修しやすく易行である。はじめ散乱《さんらん》の心のまゝ念仏を口づさむ。

煩悩がある為、物質的な存在や形あるもの、或いは身体、女性の容色、女体に心を乱す。

五蘊《ごうん》という人間存在が、色《しき》（物質）、受《じゅ》（印象、感覚）、想《そう》（知覚、表象）、行《ぎょう》（意志等の心作用）、識《しき》（心）の五根がすぐれた働きをもった能力器官をもち、外界の対象をとらえる。

五種の感覚器官。その器官の働き、眼根《げんこん》、耳根《に》、鼻根《び》、舌根《ぜつ》、身根《しん》、五根《ごこん》がある。

五境《ごきょう》は、五官（眼、耳、鼻、舌、身）その機能の五つの対象。色境、声境、香境、味境、触境の五つをいう。

眼は形あるもの（色）を見、
耳は声を聞き、
鼻は香りを、
舌は味覚を、
身は触、体を触れたなと、分かる。

人間の身心は、五蘊が仮に和合してなりたっているだけで、実体としての我はない。

五蘊和合《ごうんわごう》の人間存在である。

五根、五力は、煩悩を伏し、悟りに向かわせるすぐれた働きをなすもの、その働きを五種に整理し、信、精進、念、定、慧の五つの働き（力）と働きをもたすもの（根）と二つから見る。

三昧発得は、三昧の境を得ること。仏を見ることであるが、雑念を離れて心が一つの対象に集中し、散乱しない状態、三摩地《さまじ》、正定に入ることである。

この状態に入る時、正しい知恵が起こり、対象が正しくとらえることができるという。

精神を統一、集中することによって得た超能力である。三昧を成就して得る不思議な威力である。

法然上人は、善導大師を三昧発得の聖者として尊敬された。

人には三昧を発得した人と発得していない人がいる。

法然上人にとって三昧発得はどのような宗教体験であったのであろうか。

法然上人は、平常（つね日頃）、別時《べつじ》の念仏を分けて考えられたようである。

別時念仏は、念仏者が特に日時を限って行う念仏である。

尋常と臨終念仏に分け、尋常には一日ないし七日、十日、又は九十日など日を限って、いわば集中的に念仏することをすゝめ、その間に阿弥陀仏や浄土の好相《すがた》を感見することを三昧発得の体験実践と考えていたようである。

口称《くしょう》念仏という行為の繰り返しによって人々は、宗教的心情をおさめ、深化せしめる働きをもつ。

専修専念の一行である。

人それぞれが信受して口称念仏を唱えることによって救済解脱を得るのである。

第三項　機《き》法《ほう》一体《いったい》の念仏

機《き》は、衆生、又は、衆生が受けとった信心。法《ほう》は、阿弥陀仏、又は、その救いの働き。

この機と法が一体であるという。

一体とは、
一　本来、阿弥陀仏の悟りによって成就しているという説
二　衆生が、信心を領受するとき、仏の救いと和合する、という説
等が説かれる。

機法一体の南無阿弥陀仏の正覚を成じる。

仏の本願にもよおされた信心の結果、仏の悟りを得る。信心と救いの働きが一体であり、名号によって仏の悟りを得るという。

親鸞聖人は、

「信心さだまるとき、往生さだまるなり」（『末灯鈔《まっとうしょう》』）

「正定聚のくらゐにつきさだまるを往生をうとはのたまへるなり」（『一念多念文意』）

と、不来迎《ふらいごう》の談《だん》、平生業成《へいぜいごうじょう》の義を説き、往生は、必ずしも肉体の死をまつ必要はない。

「念仏往生の機は体失せずして往生をとぐ」と不体失往生論を語る。

「親鸞聖人のたまはく、先師聖人（源空）の御とき、はかりなき法文諍論のことありき。善信は、念仏往生の機は体失せずして往生をとぐといふ。小坂の善恵房（証空）は、体失してこそ往生はとぐれと云々。この相論なり」と、体失往生と不体失往生の法文諍論があったことを述べている。

如来の教法、釈尊の説いた教えは、この世の人々にとって教えの師であり、救いの師であるが、衆生の機根、世の人の能力、才能は不同である。

もって生まれた能力、素質、仏の教えを受けて発動することができる能力、素質にまかせて門弟が了解、正しくはっきり理解することは宿善《しゅくぜん》の厚薄による。過去世で行った善事、前世の善根の厚い薄いによる。

「宿善開発して善知識にあはずば往生はかなふべからず」（『御文（章）』）

過去世で修めた善因が開きあらわれる。そして、人を仏道に導く機縁や機会になるものに会わなければ往生はかなわないと、仏縁の尊さを語る。

念仏往生は、至心信楽の帰命の一心、他力、仏の本願により即得往生《そくとくおうじょう》住《じゅう》不退転《ふたいてん》に住す。

諸行往生《しょぎょうおうじょう》は、本願にあらず。念仏以外のすべての修行に努めて浄土に往生しようとする。悟りに至る為のすべての善行を行う。

諸行往生の機は、臨終を期に来迎を待ち往生する。胎生辺地《たいしょうへんち》、阿弥陀仏の本願の仏智による救いを疑う者が往生する化土辺地《けどへんち》もある。

阿弥陀仏の四十八願中の第十八願である。

功徳を積んで極楽往生を願う人を、その臨終に仏が聖衆と共に現前し、迎えとろうという願い、即ち、臨終現前の願いともいう。

諸行往生は、非本願であり、定善《じょうぜん》、禅定による観想、散善《さんぜん》、廃悪修善の実践、自力の心とされる。

第四項　往生浄土の人

往生浄土の人は、浄土教の主体性を確立した人である。

阿弥陀仏を浄土教徒は、どのように受容してきたか。

阿弥陀仏を十二の光によって理解し、十二種に分けている。

光の仏である光明の徳の上から十二光仏とし、

無量光仏《むりょうこうぶつ》　阿弥陀仏の光の与えるめぐみの永遠にして限りないことを讃えるもの。

無辺光仏《むへんこうぶつ》　阿弥陀仏の光の一切世界を照らして限りないこと。

無碍光仏《むげこうぶつ》　何ものにもさまたげられない光。その救いの働き。

無対光仏《むたいこうぶつ》　他にくらべるものがない明るい光。阿弥陀仏の光。

炎王光仏《えんのうこうぶつ》　炎の燃え盛るように光り輝く仏。

清浄光仏《しょうじょうこうぶつ》　清浄な光を放って衆生の罪を除く仏。

歓喜光仏《かんぎこうぶつ》　この光に照らされたものに歓喜の心を起させ、怒りをさらせる仏。

智慧光仏《ちえこう》　無明の闇を破する。真実を見究める能力、物事の道理を悟り、是非、善悪をわきまえる心の働きをさづける。
不断光仏《ふだんこう》　阿弥陀仏の放つ光、絶え間なく照らす光。
難思光仏《なんじこう》　思いはかることのできない心の及ばない光。
無称光仏《むしょうこう》　ほめたてようもない素晴らしい光の仏。
超日月光仏《ちょうにちがっこう》　仏の光明が、月日の光を遥かに超えたものであることを讃えたもの。
阿弥陀仏を、十二の異名に分けた。
法然上人は、十二の性格から阿弥陀仏を理解している。
そして、清浄光を無貪《むとん》（貪らないこと、貪りの心がないこと）――不淫欲戒《ふいんよくかい》（性的行為をいましめた戒）・不慳貪戒《ふけんどかい》（むさぼりの心から、他人に者を与えたり、教えたりすることをおしんで、ののしり、はずかしめることを戒めた戒）――貪欲《とんよく》（むさぼりの心）と結びつけ理解している。
歓喜光を無瞋《むしん》（怒らないこと）、不瞋恚戒《ふしんにかい》（怒ることをいましめた戒。怒りの心を抱いて、相手があやまっても聞き入れないことを戒めた）、忍辱《にんにく》（耐え忍ぶ）を結びつけ、智慧光を無痴（愚かさ、愚痴のないこと）、無痴所生、愚痴と関係づけ理解している。

親鸞聖人は、

「自はおのづから行者のはからひにあらず。しからしむといふことばなり。然といふはしからしむといふ行者のはからひにあらず、如来のちかひにてあるがゆへに法爾といふ」

阿弥陀仏は、われらが自然のように少しも人為の加わらぬ「自然法爾《じねんほうに》」と言い、浄土教の究極的境地を知らせる。

第五項　浄土教においての救い　救済論

救われたとは、どのようなことをいうのであろうか。

救いの意味、その確かさの探求、論述である。

救いとはいかなるものであろうか。

救いの事実の最も基本的な形は『観無量寿経《かんむりょうじゅきょう》』における韋提希《いだいけ》の救い「王舎城《おうしゃじょう》の悲劇」である。

わが子、阿闍世《あじゃせ》に牢獄に幽閉された韋提希《いだいけ》は、釈尊《しゃくそん》に、提婆達多《だいばだった》と何故親戚であられるのか、教化し得ぬ世尊にも責任があると狂乱した心情で迫っている。

韋提希夫人《いだいけぶにん》は、この濁悪世《じょくあくせ》を厭い、苦悩なき世界へ往生したいと願っている。

仏の威神力《いじんりき》、不思議な人知をもってしては計り知れないその働きによって十方諸仏の国土を見せ、韋提希は、その中から阿弥陀仏の極楽浄土に往生したいと願い、その方法を問う。仏陀は、韋提希夫人の求むべきところを明白に理解する。

韋提希の問いに対し、釈尊は、微笑して五色の光を口から出し、同じく幽閉されている頻婆娑羅《びんばしゃら》王の頂《いただき》を照らす。

王は、幽閉されていながら心静かに心眼を開け、遥かに世尊を見て礼拝し、礼拝することによって自我の心を消滅せしめ、人々を無我の境地に導く。釈尊は、宗教的人格に阿那《あな》含果《ごんか》（不還果《ふげんか》、欲界に還って、そこに再び生まれてくるような事のなくなった状態）不退《ふたい》転《てん》の境地に到った。

ここを去ること遠からず。阿弥陀仏は決して遠い存在ではない。と、悩む韋提希の心眼を開かしめる。

韋提希が、仏の説法を聞き、極楽世界や仏身《ぶっしん》、観音《かんのん》、勢至菩薩《せいしぼさつ》を見ることを得て、心に歓喜《かんぎ》を生じ、大悟《だいご》し無生法忍《むしょうぼうにん》（真理を悟った心の安らぎ）、信心決定して浄土の往生がさだまる正定聚不退《しょうじょうじゅふたい》の位《くらい》を得る。

即ち、現世証得《げんせしょうとく》の往生（この世で悟り得た真実不退の信心）を得る。

浄土教における救いの内容に、a　身体的な面　b　精神的な面があるならば、身体の上にどのような形で現われるのか。

精神的な救いがどのように現われるのか、救われることによってどんな変化がおこるのか。

a　身体的にどのような形をもって現われるのか

一　仏の光明を蒙り、心身が柔輭になる。光にふれる。

仏の光明を蒙ることによって体と心がやわらかになる。

心の闇を明るくする。柔和な心になり、ゆったり温容になる。

和顔愛語《わげんあいご》。顔がおだやかで、言葉はやさしい。なごやかな、やわらいだ顔と愛情のこもった言葉づかいになる。

二　救われた人は智慧、弁才を得る。人を説得する力を得る。

救われた人は、自らの住む家を、精神的に豊かな尊貴の家にする。

b　救いはどのような精神的な証しを示すであろうか

一　仏の救いを喜んで念仏する。

念仏によってどのように人間が変化するのか。

「念々の中において八十億劫の生死の罪を除く」

「一人一日のうちに八億四千の念あり。念々のなかの所作みなこれ三途の業なり」

今つくる罪悪の業を、念仏することによって除くことができる。生前に滅罪《めつざい》して浄土に往生する。念仏滅罪《ねんぶつめつざい》の思想である。念仏することによって心が清浄になり、生死の罪が消える。極悪最下の人であっても救われる。

二　救われた人は、「衣食足りて礼節を知る。」という諺もあるが、生活が豊かになってはじめて礼節（礼儀と規範、きまり）が遵守される。少欲知足《しょうよくちそく》にして足ることを知る。自己の持ち分に満足し安んじで欲張らない。染心《ぜんしん》（性欲、利欲等の煩悩に汚れた心）、瞋恚《しんに》（怒り）、愚痴《ぐち》（愚かで思い迷い、ものの理非のわからぬさま）がないという心境である。

三　和顔愛語《わげんあいご》して、勇猛精進《ゆうもうしょうじん》して勇猛心をもって苦難に勝ち進んで仏道を修行する。
志願して倦むことがない。

生死度脱の道という人生の重要課題は、本願の救済によって解決される。

第六項　浄土教の起源

浄土教の起源は「梵天勧請《ぼんてんかんじょう》」に始まる。

ブダガヤで釈尊が悟りを開かれ、一体この悟りの内容を人々が理解するであろうか、決心がつかずに躊躇《ちゅうちょ》した。

このためらいに梵天、インドの世界の創造主、宇宙の根源ブラフマンが顕われ、釈尊に悟りの内容を説法するならば、人々は必ず理解するであろうと、仏、覚者（めざめた者）である仏陀に、説法を乞い願い、その教えが世に長くあるように請うた梵天勧請によって初転法輪《しょてんぽうりん》、最初の説法がなされた。

ここに仏教が誕生する。

もし、梵天勧請がなく、最初の説法が行われなかったならば、孤独を楽しみ、利他の為の説法をせぬ、独覚来聖の釈尊としてユニバーサルな仏教の展開は成されなかった。梵天勧請は、浄土教の起源にとっても大変重要な最初の説法、仏の教えを説いて人々を導く勧化であったと言えるだろう。

『浄土三部経』の無量寿経上下二巻は、「本願《ほんがん》の経《きょう》」と呼ばれ、「もし、人が無量寿経の教えを聞くならば、その願いに応じて浄土に往生することができる」と結ぶ。

『観無量寿経』は、王舎城の近くの霊鷲山《りょうじゅせん》にて説かれた王舎城の悲劇、阿闍世《あじゃせ》という太子が、悪友の提婆達多《だいばだった》にそそのかされて、父王の頻婆娑羅《びんばしゃら》王を幽閉し、殺害を企て、母親の韋提希夫人《いだいけぶにん》がひどく悲しみ、地獄のような出来事を悲哀して、釈尊に助けを求め、極楽浄土に生まれかわりたいと願い、教えを乞い、釈尊により三宝帰依《さんぽうきえ》、悟りを求める心を起し、大きな悟りを得た。

阿弥陀仏の御名を持てと、弟子阿難尊者《あなんそんじゃ》に説法する物語である。

『阿弥陀経』は、長老舎利弗《しゃりほつ》に極楽世界の存在を説き、阿弥陀仏が今も説法しておられる。この浄土に生まれたいと願うものは、阿弥陀仏の名号を執持《しゅうじ》（忘れずに保持）することによって仏の来迎《らいごう》を蒙り、極楽往生することができると説く。

経典は、すべて如是我聞《にょぜがもん》（このように私は釈尊よりお聞きしました）との言葉に始まり、八万四千の数多《あまた》の経典も釈尊の精神を継承している。

『浄土三部経』は、正しく依りどころにしている大切な経典、正依《しょうえ》の経典として今日も菩提を弔う仏事、法事等に、日々読まれている。

第七項　南無阿弥陀仏の仏教

念仏とは何か。

誰がいつ、どうしてこのようなことを言い出したのか。

「心からなむあみだぶつと申せば救われる」

「心から念仏申す」

この教えは、いつ誰が唱《とな》えだしたものであろうか。

日本仏教史での念仏の教えの創唱者は法然上人であろう。

親鸞聖人は、それ以前の浄土教の高僧として七高僧《しちこうそう》の存在、即ち、第二の釈尊といわれたインドの龍樹《りゅうじゅ》、それに天親《てんじん》（世親《せしん》）。仏教東漸《とうぜん》、東方から中国に伝わり、北魏の曇鸞《どんらん》、道綽《どうしゃく》、善導《ぜんどう》、源信《げんしん》、源空《げんくう》の七人の法灯相続の念仏者の史実を語る。

法然は「偏依善導《へんねぜんどう》」（ひとえに善導による）と、『観経疏《かんぎょうしょ》』を依りどころに浄土往生の道、念仏道を明示する。

親鸞聖人は、七高僧の二人、インドの世親の「親」、中国北魏の曇鸞の「鸞」を自分の僧名として、三国仏教の念仏の法灯を心の依り処として、念仏者の救いを論ずる。

日本仏教の公伝は、西暦五五二年、聖徳太子（五七四年〜六二二年説あり）の仏教のわが国への受入れ、伝播に始まる。

『三宝興隆の詔』（五九四年）。『十七条の憲法』により仏教は和を尊ぶ、帰依三宝《きえさんぼう》の精神支柱を弘め、法隆寺等々数多くの仏教寺院が誕生していく。

平安時代（七九四年〜一一八五年）は、伝教大師最澄《さいちょう》（七六七年〜八二二年）、弘法大師空海《くうかい》（七七四年〜八三五年）が活躍する。

法然上人は、三十三歳の時、恵心僧都源信《えしんそうずげんしん》の『往生要集《おうじょうようしゅう》』に恵りあって、往生浄土の門に入ったと言われる。

『往生要集』に恵りあい、法然上人は、心の眼、心眼が開いた。

自己自身の救われる道を見いだす。人生の一大事、生死度脱の智慧を求めて、

「まことに、仏法は、いづれの宗も、生死を解脱せんためなり。名利を思ふべからず」

(『沙石集《しゃせきしゅう》』無住《むじゅう》著)

青年僧、法然は、己が能を思量する。

そして、仏道修行する者の必ず修めなくてはならぬ、三つの最も根本的な修行、三種の修行法を吟味《ぎんみ》する。

戒学《かい》、定学《じょう》、慧学《え》である。

一　戒は悪をとどめ、善を修すること

二　定は、身心を静かにして精神統一を行い、雑念を払い、思いが乱れないようにすること。

三　その静かになった心で正しく真実の姿を見きわめること。

この不即不離な三学の兼修《けんしゅう》が仏道修行の完成をもたらす。

仏道修行の最も基本的な部類である規律のある生活を営み、心がよく落ちついて、そこ

で正しい世界観がもてるようになる。

戒には、仏教徒が守るべき五戒があろう。

第一は、不殺生戒《ふせっしょうかい》。生きものを殺してはならぬ。

第二は、不偸盗戒《ふちゅうとうかい》。盗みをしてはならない。

第三は、不邪婬戒《ふじゃいんかい》。よこしまな淫行をしてはならない。

第四は、不妄語戒《ふもうごかい》。嘘や偽りを言ってはならぬ。

第五は、不飲酒戒《ふおんじゅかい》。酒を飲んではならない。

私たちは在家の仏教者が守るべく五つの戒めを守ることができるか否や。

次に十善戒《じゅうぜんかい》、十戒、十種類の戒めもある。

口にしてはならないもの。

妄語《もうご》（うそをつく）、綺語《きご》（ざれごと、真実にそむいた、巧みに飾った言葉）、悪口《あっく》（人の悪口を言う。ののしる）、両舌《りょうぜつ》（両者の仲をさく言葉）。

心に思ってはならないもの。

貪欲《とんよく》（むさぼる心）、瞋恚《しんに》（怒り）、愚痴《ぐち》（愚かなこと）。

誰が五戒、十戒、戒律を守り切れるか。

「おほよそ、仏教おほしといへども、所詮、戒定恵の三学をばすぎず」（『四十八巻伝』巻六）

仏教は三学におさまる。

「わが身は、戒行にをいて一戒をもたもたず、禅定にをいても一つもこれをえず……若無漏《むろ》の智劔《ちけん》なくば、いかでか悪業煩悩のきづなをたたんや。悪業煩悩のきづなをたたずば、なんぞ生死繋縛《しょうじけばく》の身を、解脱することをえんや。かなしきかな、〳〵、いかがせん、〳〵」（同）

法然上人は、わが身に照らし合わせ、戒定慧を守る仏教修行は、われら凡夫に及ばざる道であり、仏陀覚者になれる道ではない。

戒定慧を守ることのできないわれら、そういうわれらが救われる道はどこにあるのか。われらのごときは、「戒定慧の三学の器にあらず」

わが身に相応する法門ありや。凡夫には閉ざされた道の向こうに往生極楽の道がある。法然上人は、念仏道に自己自身の救われる道を見いだす。

それは三学道ではなかった。

「自身は現にこれ罪悪生死《ざいあくしょうじ》の凡夫、曠劫《こうごう》よりこのかた、常に没し常に流転して、出離の縁あることなし」（善導『観経疏散善義《かんぎょうしょさんぜんぎ》』）

この赤裸の人間の救済道であった。

罪悪、仏の教え等に反する悪い行為を犯し、われらは、生死流転の世界に迷う凡夫である。この世界から出離解脱の縁、きっかけなき者であり、救われるい、救われることのないわれらという自覚であった。

このようなわれらは、どのような道を歩めばよいのであろうか。

自分の力で善根を積んで悟りを開こうとする修行、その修行に専念すれば、自分の能力をもってして悟りが得られると思いこむ自力門は、閉ざされている。

称名念仏《しょうみょうねんぶつ》、他力廻向の真実の行としての念仏、阿弥陀仏の名を称えることによって、凡夫が極楽に往生する。救われる道理を求めて出離の縁なきものこそ救われなくてはならない。

救われ難いものこそが救われる。それが仏の慈悲ではないか。

仏道には、いろ〳〵な行がある。

「なむあみだ仏」と、仏のみ名を称えることによって救われる。自分のような愚かな者が、救われる道が遠い昔から用意されている。

阿弥陀仏の誓願《せいがん》によって、凡夫も極楽に往生することができる。凡夫が往生できてこそ浄土がその価値を発揮するであろう。

そのように極楽浄土の道が開かれている。

アミダ仏は、無量寿仏《むりょうじゅぶつ》（限りないいのちの仏）。

無量光仏《むりょうこうぶつ》（限りない光の仏）。

阿弥陀仏は光の仏、何物にもさまたげられない光、無礙光仏《むげこう》である。

心ではかることのできない言葉も心も及ばない不可思議光如来《ふかしぎこうにょらい》である。人間の智慧をもってしては思いはかることのできない人間を超えた大いなる力の存在を知らされる。

感応道交《かんのうどうこう》の世界は、それを感じとる人の心の働き（感）と仏が人に応じた働きかけ（応）とにより、信心が神仏に通じる仏と人とが融和する世界である。

仏とかかわりあいをもつ菩薩などが心に感じて、答えること、感動すること。

仏と人が融和すること。人に応じた仏の働きかけとそれを感じとる人の心とが相交わり合致すること。弥陀と私のロマン、私たちとのロマンがそこにあろう。

口だけで念仏を唱えればよいというものではなく、念仏の実践論がそこにある。南無というは発願《ほつがん》廻向《えこう》の義なり。阿弥陀仏とは行なり。

発願は、願をおこすこと。念仏成就の願いであり、阿弥陀仏とはその行、実践である。ここに阿弥陀仏の本願による他力廻向の念仏が、最も大切な根本を為す行為、実践論、そのアクティビティを生むのであり、それによって積極的、主体的な生き方が展開されるであろう。

第三節　廻向論

廻向論《えこうろん》の廻《え》は、めぐらす。向《こう》は、さし向けることを意味する。他にむいていた心を浄土の教えに向けることであろう。

a　廻向論に三種廻向がある。

一　菩提《ぼだい》回向。自分の行った善根功徳を自己の悟りにさしむけること。

二　衆生《しゅじょう》回向。他のものの利益にさし向けること。
三　実際《じっさい》回向。廻向そのものにとらわれないで、そこに平等、真実の理を悟ること。

b　二種廻向もある。

一　往相《おうそう》廻向。衆生人々が浄土に往生する。浄土往生に資する往相廻向。
二　還相《げんそう》廻向。浄土に生まれたものが、この世に還って来て、世の人々の浄土往生を勧める。教え導き、浄土に向かわせる。

その廻向の働きは、すべて阿弥陀仏の本願力による。それを他力廻向という。

極楽往生を願う者が修める五種の行、五念門《ごねんもん》が世親の『浄土門』に説かれている。

一　礼拝《らいはい》門。阿弥陀仏に礼拝する
二　讃嘆《さんだん》門。阿弥陀仏の功徳を讃嘆する。
三　作願《さがん》門。一心に極楽往生の往生を願う。
四　観察《かんざつ》門。阿弥陀仏や観音勢至及び浄土の荘厳を観察する。
五　廻向《えこう》門。自分の功徳を衆生に施し、共にそろって成仏しようと願う。

以上の五念門が語られる。

願いの始めとして発願《ほつがん》があり、阿弥陀仏のはたらき、仏の衆生（人々）を救うおうという願いをもとに、発願《ほつがん》廻向、廻向発願心《えこうほつがんしん》と廻向論を語る。

阿弥陀仏には、誓願《せいがん》（誓い）本願がある。

一ぺんでも阿弥陀仏を信じて念仏を唱えるものは、すべて浄土に迎えとるという誓いである。

阿弥陀仏は、衆生の願いに応じて姿をあらわす。

それは感応道交《かんのうどうこう》の世界である。感は、人がそれを感じとる心の働きであり、応は、仏の人に応じた働きかけであることは述べたが、信心が神仏に通ずることである。

人に応じた仏のはたらきかけと、それを感じとる人の心とが相交わり合致する。仏と人とが融合する感応道交の世界がある。

阿弥陀仏が招喚《しょうかん》、招き呼ぶ。

この仏の叫び声に促されて主体性に目覚める。大切なことを認識し、行為する実践、信仰と実践性、アクティビティに目覚める、覚醒《かくせい》する。弥陀の廻向による目覚《めざ》めであり、他力廻向の信仰と実践であろう。

第一項　悉有仏性《しつうぶっしょう》論

われら凡夫有情《ぼんぷうじょう》には仏性があるのか。

私たちの心の中に、仏となる可能性としての因子があるのか。われらは、無仏性、仏性のないものであるのか。

大乗仏教では、すべてのものに仏性がそなわっているという、悉有仏性論《しつうぶっしょうろん》を語る。悉有《しつう》は、一切のものに存在するもの、すべてにゆきわたって存在するもの、仏性は、仏になる素質、仏になる因子としての仏性、仏種性である。

人間がもっている仏性に、阿弥陀仏の廻向が働きかけるのか。

仏性のない人間に、阿弥陀仏が信心を廻向し、目覚めさせるのか。

悉有仏性論は、有仏性論、無仏性論として問題となった。

われら人間の内面には仏性、仏となる可能性の因子があるのか。種があるのか。種があっても、煩悩に覆われていて真実が見えないのか。

全く無仏性で黒い炭団《たどん》の如き存在で、奥底まで黒い煩悩具足の凡夫なのか。

どこをさがしても仏性、仏となる素質や可能性は見当たらない、無仏性のわれらなのか。

大乗仏教では、すべての者に仏性が具わっているとする。

その理解の仕方は、諸宗により異なる。

有仏性、無仏性（仏性のないもの）がいるとする主張との論争、仏性の諍《あらそ》いがあった。

天台宗の最澄は、仏性がある、と考える。

法相宗《ほうそうしゅう》の徳一《とくいち》は、無仏性の立場をとり、以後、長く両者の間で争われた。

応和の宗論はよく知られている。

善導は『観経疏』散善義で、三心について語る。
一　至誠心《しじょうしん》。阿弥陀仏を信じ、極楽往生を願う心。
二　深心《じんしん》。深い道心。阿弥陀仏の本願の救いを深く信じて疑わない心。深信ともいい、深い信仰心、深く信ずることをいう。
善導は、深心・深信これについて二種を説き、
一つは、自身は罪深い凡夫であって出離の縁はないと信ずること。
二つは、阿弥陀仏は必ず救ってくださると信ずること。かの仏の本願を信ずることを説

く。

三　廻向発願心《えこうほつがんしん》。みずから修めた一切の善根功徳を他の人にふり向けて、ともに極楽浄土に生まれたいと願うこと。

この三心である。

救われざるわれらを阿弥陀仏が救ってくださる。阿弥陀仏を信じて、一ぺんでも念仏を唱《とな》える。一声《ひとこえ》の念仏を唱える者は、すべて浄土に迎えとることが誓われている。

それは、われらには仏となる素質、種子、仏性があり、生きとし生ける者には、本来悟りの本生が具わっているということとどうかかわるのか。

覚者となる可能性を大乗仏教は〈すべての人間〉その存在に具わっていると、仏性本来心《ぶっしょうほんらいしん》が語られるのである。

阿弥陀仏やその浄土が、人々に信知せられるということは、信仰的に知られ、知性によって知られるということではない。信仰心のない者には知られない。

人間には、阿弥陀仏の本願を信ずる力もなく、その信は、阿弥陀仏によって信じさせて頂く。賜りたる信心である。

阿弥陀仏によって与えられたもの。他力廻向の信であり、弥陀より賜わった金剛不壊《こんごうふえ》の極めて堅固でこわれない信心である。

その信仰心は、弥陀廻向のものである。

他力廻向のものであるとして、信仰を受け取る側、信ずる側の信仰を受けとる力がなければ浄土の信は存在しない。

受ける力が一体どこにあるのか。

救済可能の根拠を「仏性」として法然上人は認める。

救済は、本願の一人働きであり、常に流転して出離の縁あることのない機（人の能力）の深い信のうえに、阿弥陀仏の絶対他力が働く。

弥陀の力がどのようにして受領せられるのか、届くのか。受領する力も弥陀廻向のものとしても、衆生の内に人間に仏性を認める立場もあろう。

浄土真宗でも仏性の問題は、困難な問題として論議され、仏性、それは衆生の中にある仏的契機を意味し、衆生が本来もっているとする「悉有仏性説《しつうぶっしょうせつ》」とそれを認めない「無仏性説」とがある。

双方共、阿弥陀仏の大願業力（阿弥陀仏の願いと行とが備えた救いの働き）によって開《かい》覚《かく》し成立させようとする点は概ね一致している。

存覚《ぞんかく》（一二九〇年〜一三七三年）は父覚如《かくにょ》と共に、教縁の拡大に努め、『六要鈔《ろくようしょう》』『存覚袖日記《そでにっき》』『存覚一期記《いちごき》』等で知られるが、仏性は本具しているが、現実においては煩悩におおわれていて顕れない。仏智に乗じて浄土に往生して仏性を顕すと考えている。

覚如（一二七〇年〜一三五一年）本願寺三世は、親鸞聖人の正統な後継者として血脈の三代伝授説を主張、『改邪鈔《かいじゃしょう》』において、衆生が仏性を本来持っているならば、「むまるべからざるもの」という必要はない。

仏性を具え、それを因として仏果を証得するならば、自己の力によるのであるから、他力とは言えない。

悉有仏性説と絶対他力は相入れなくなる。

悉有仏性説を否定すれば、無仏性の者の成仏が遠のくと語る。

親鸞聖人は、大信心を仏性（『教行信証《きょうぎょうしんしょう》』信巻信楽釈）と考え、「信心よろこぶそのひとを、如来とひとしとときたまふ。大信心は仏性なり、仏性すなはち如来なり」（『浄土和讃《じょうどわさん》』）

「信心すなわち仏性なり」（『唯信鈔文意《ゆいしんしょうもんい》』）

仏廻向の信心を仏性であると言う。

信心を仏性といい、この信心も仏よりたまわったものと考える。

信心仏性説は、他力廻向の信心を仏性と見る。私たちの内面に、真の仏性の内在を認めていないということにもなろう。

第三章　大乗仏教のこころ

第一節　大乗仏教とは何か

釈尊の原始仏教を根本とし、その後、部派仏教《ぶはぶっきょう》の時代を経て、仏教は大乗仏教へと展開をとげ、特に日本の仏教は大乗仏教Mahāyāna schoolといわれる。

後世に発達した大乗仏教に対して、釈尊在世時代から二十の部派の分裂が始まる前までの仏教を「原始仏教」というが、明治以降の仏教研究者によって使われるようになった。「根本仏教」とも言われた。

釈尊の言葉は、経典として編纂され、テキストとして残されているが、仏教の教説の原型的なものが多くみられる原始仏教経典である。

釈尊の滅後百年、アショカ王の治世に進歩的な修行僧たちが新しい教義として十カ条の承認を僧伽《さんが》に求め、これに反対する保守的な上座部《じょうざぶ》sthaviraと、賛成する進歩的な大衆部《たいしゅぶ》Mahāsāṃghikaに教団が二分した。

第二百年に大衆部から

一説部《いっせつぶ》　Ekavyāvakārika

説出世部《せつしゅっせぶ》　Lokottaravādin

鶏胤部《けいいんぶ》　kaukkuṭikaの三部が分出し、続いて

多聞部《たもんぶ》　Bahuśrutīya

説仮部《せっけぶ》　Prajñaptivādinが分出した。

　第二百年の末には、説仮部から

制多山部　Caityavādin

西山住部　Apara śaila

北山住部　Uttara śailaに分出し、大衆部は本末合わせて九部となる。

　根本二部分裂の後、上座部は追われてヒマラヤ地方に移っていたが、

釈釋亡き後、第三百年の初めに二分裂し、

説一切有部《せついっさいうぶ》　Sarvāstivādin

雪山部《せっせんぶ》　Haimavata　本上座部となった。

　更に説一切有部から

犢子部《とくしぶ》　Vātsīputrīya

更に、

法上部　Dharmottara

法蔵部《ほうぞうぶ》　Dharmagupta

賢冑部《けんちゅうぶ》　Bhadrayāniya

正量部《しょうりょうぶ》　sāṃmitiya

密林山部《みつりんさんぶ》　ṣaṇṇāgarika

の四部が分出した。

説一切有部から

化地部《けじぶ》　Mahiśāsakaが分出し、更に、

法蔵部《ほうぞうぶ》　Dharmaguptaが分出した。

仏滅後三百年の末には説一切有部から、

飲光部《おんこうぶ》　Kāśyapiyaが出、

第四百年の初めには説一切有部から経量部《きょうりょうぶ》　Sautrāntikaが出て、上座部は本末十一部となる。

合わせて二十の分派が成立し、小乗二十部派と呼ぶ。

小乗は大乗に比べその修する教、理、行、果、及び、修する人が劣るので蔑称として「小乗」という。声聞乗劣った乗り物を意味する。

hīna yānaのhīnaは、捨てられたという意味である。「下劣乗」とも言われ、今日では、上座部、上座する人、長老、修行を積んだ指導的地位にある徳のすぐれた大徳、尊者など十年以上修行を積んだ僧侶、高徳の僧を上座の人と呼ぶ。

大乗仏教となにか

大乗仏教は一～二世紀ごろ興起した仏教の二大潮流、小乗に対する大乗、それは「大きな乗物」を意味する。

大は、広大無限で最もすぐれたという意。乗は、悟りの彼岸へ到達させる乗物の意である。

自分の為の修行、個人の解脱、修行の功徳を自分一人で受ける自利よりも、広く人々の救済、利他の立場より利他行を実践、広く人間全体の平等と生死を出離せんことを求める。

大乗仏教は菩薩乗《ぼさつじょう》ともいい、成仏、それが仏の教えの大道であると教える。

小乗のように消極的、形式的でなく、むしろ内面的、精神的であり、その世界観、人生観も積極的、活動的であるとされる。

紀元前後ころから修行僧、僧伽とは別に在家仏教信者の団体が各地に成立し、自分たちをbodhisattva　ボーディ・サットヴァ　菩薩、即ち、悟りを求める者と呼んだ。

自分たちすべて仏になりうるのであるから、菩薩と称すべきであると確信して用い始めた。

いわゆる在家仏教である。

大乗仏教は、中国、朝鮮、日本、チベット、蒙古、ヴェトナム等に伝えられ、それぞれ独自な発展を遂げる。

大乗仏教究極、相応の国土として日本にも大乗仏教の花が咲いた。

その仏教を整理して二種類に分けた分類法があろう。

a　悲門《ひもん》（仏、菩薩の慈悲救済のはたらきの側面）と智門《ちもん》（仏、菩薩が具える自利利他の徳のうち自利の智、徳をいう）『秘蔵宝鑰《ひぞうほうやく》』

b　本門《ほんもん》（本仏を顕示する方面の意。真の仏は久遠の昔に成道した本来の仏。久遠成道の仏）と迹門《しゃくもん》（仏菩薩が世の人を救う為に仮の姿を現したもの）。

C　摂折二門《しょうしゃくにもん》。摂受門《しょうじゅもん》（すべてが成仏できる一乗真実を明らかにし、相手を受入れ、おだやかに説得すること）と折伏門《しゃくぶくもん》（相手を強く責めたてて、うち砕き、迷いをさまさせる）。

d　抑止門《よくしもん》（抑え、禁ずる。悪をなすのを抑え止める。衆生を悪に入れない為に、しばらく慈悲を隠し「悪人は救われない」と言って、悪を戒めること）。摂取門《せっしゅもん》（善悪一切を例外なく受け入れる方面を摂取門という）。

e　有門《うもん》（仏の教えのうちで諸法は有である説く教化法。倶舎《くしゃ》。唯識《ゆいしき》の教え）。空門《くうもん》（永遠の実体があるとの見解を否定する為の空相の法門をいう）。

f　聖道門《しょうどうもん》（自らの能力をたよりに修行して、この世において悟りを得ようと実践する。凡夫には適さない自力門（密教、天台宗、華厳宗《けごんしゅう》、禅宗等）浄土門《じょうどもん》（阿弥陀仏の本願を信じ、それにすがって極楽浄土に生まれ、悟りを得ようとする教えと実践。他力門）。

g　事門（差別の姿、現実。差別的な現家）。理門（普遍的真理。事実を事実たらしめる理由)。

h　真諦門《しんたいもん》(出世間の真理、究極最上の真理。第一義門)。俗諦門《ぞくたいもん》(世間一般の真理にたったものの見方)。

この二種の分類のf「聖道門」と「浄土門」の大乗仏教の二道に注目致したい。

仏道を学ぶ為に最も基本的修行に戒学、定学、慧学の三学がある。

戒学は、悪を止め、善に努めること。正しい道理、道徳にかなうこと。ひたすら修行に専念する行善を大乗の正体とするが、進んで積極的に行われる善。善を行うこと。

定学は、心を静め、雑念を払って精神統一を行うこと。

慧学は、これらの上に立って真実の姿を求め究めること。

この三学が仏道を学ぶ為に最も大切な基本的修行である。

法然上人、親鸞聖人の浄土門は、この三学の修行の「及ばぬ身のわれら」ということから、仏教入門が出発している。

罪悪生死、生死流転の世界に迷う凡夫のわれらは、出離の縁あることなし、悟りの境界に至る為の要道はない。出離生死の道を解脱する道はないのではないかとの人間観から仏教入門を語っている。

第一項　浄土仏教入門

浄土教は、阿弥陀仏の誓いを信じ、一心に念仏を唱して極楽浄土に往生する教えを説く。浄土門とも言われる。

自力の修行で悟りを得ようとする教え、聖道門と、他力阿弥陀仏の本願の念仏で浄土往生をと説く浄土門の難易があろう。浄土教は、易行道であるとその大道を示す。

阿弥陀仏の誓いを信じ、念仏してその浄土に往生する道を説く他力門である。

弥陀の本願、誓願には、阿弥陀仏を信じて一ぺんでも念仏を唱えるものは、すべて浄土に迎えとると誓われている。

「弥陀の本願信ずべし 本願信ずるひとはみな 摂取不捨の利益にて 無上覚をばさとるなり」（『正像末和讃』）

専修《せんじゅ》念仏と言い、専《もっぱ》ら称名の一行を修する。

他力の廻向の真実の行としての称名念仏を称える往生の仕方である。

往生は、極楽浄土に生まれることであろう。

往生は、一般にかねてから抱いていた極楽に往生したいという平素の願い、それと往生の素懐《そかい》を遂げるという臨終、この世を去ること、死ぬことを意味することが多い。

極楽浄土に往って蓮華《れんげ》の中に生まれ変わることを意味するであろう。

極楽往生を可能にする念仏、つまり「往生之業念仏為本」親鸞聖人は、この世、現世で、阿弥陀仏の願力によって真実不退の信心を得る現実不退、この世で浄土に往生すると決まる正定聚《しょうじょうじゅ》の身に定まること、現生正定聚位、今生きている現在の世で往生が定まって、必ず悟りを開くことができる、その真実信心、阿弥陀仏の名号を称えることの大切さを明示している。

「信」信ずること、決して疑わないこと、一片の疑いもまじわらない信仰心、阿弥陀仏から与えられた廻向の信、主体性の目覚め、信仰と実践を明らかに為されている。

第二項　人間の心得　肝要なこと

一　お世話になった人に「有難う」と言える人が、教育学園の第一目標である。

命の恩人に恵りあう人生もあろうが、今日、誰のお蔭で自分がこうしてあるのか、御恩を知る、知恩報恩が大切である。

恩知らずの人間、狼藉の人間であってはならない。

二　私たちは、自分の利益中心に物事を運び、考えがちである。

極端に言えば、自分さえよければよい、という考えである。私たちには、根本的にエゴが存在する。

てんとう虫は唯一益虫《えきちゅう》であるといわれ、アブラムシの卵を食べるので無農薬栽培に、農家は、てんとう虫に注目をし歓迎する。

ところが、アブラムシを食べ尽くすと、てんとう虫は、親子、兄弟、仲間も皆食べてしまう獰猛《どうもう》な本能を持つ生きものである。

そこで、それを防ぐ、てんとう虫のエサの研究開発に農業研究科学者が取り組んでいる状況である。

大乗仏教が示すように、先度他《せんどた》、利他行が先であり、人々を利すること、人々に喜ばれることが先であると心得ることの大切さを示す。

通常私たちは、自分の豊かな生活を優先し、自分の報酬をまず考える。自分の利益中心である。ところがその自己利益優先の考え方では、なぜか自利貧に行き詰まってしまう。自分の利益は後にして利他行が先であり、その感謝の心に私たちの利益がついて来る。自然と与えられる。成功の道しるべである。

忘己利他《もうこりた》、自分を忘れて、人々の為に実践することの大切さを諭す。

落ち入りやすい自己中心主義の楽し穴がある。失敗も伴なう。

このような考えに立つと初心を貫く、いつも初心、不退転で物事を成就する姿勢が失われ、後ずさり、即ち、退転位にころがり落ちる人生行路を選ぶことにもなる。

利他行こそが自分の幸せ、喜悦《きえつ》であり、人々に満足を与えるのである。

それは、自分の利益中心を世の常識を正説とすれば、逆説の発想であり、利他行、利他主義、コントの造語、フランス語のaltruismeアリタリズムこそ、他人の増益を行為目的とする考え方こそを人生の旗印とすべき大切な人間の心得を諭しているとも言えるであろう。

人々の為に汗水を流す、尽くす。するとそれに伴い自然と自分に与えられる喜びは還元される。人に感謝される利他行、成果主義が重要であろう。

最も落ち入りやすい自己中心の考え方は、改める必要があろう。
三　ややもすると私たちは、自己主張に終始する。人の言うことを聞かず、自分の考えに固執する。頑固な人間もいる。
時には健康診断をし、健康管理につとめることが大切と諭しても、病気は自分で治すからと、自分の考えに固執し「大丈夫である」と答える。

ある日、体調不調をうったえ、親しい医師に相談をする。

検診の結果、「癌」と診断され、胃全部摘出手術を施し、現代医学のお蔭でぎりぎりのところで助かる状態となった。青天《せいてん》の霹靂《へきれき》、突然起こる体調の変化、変動によって、急に緩和病棟で死を迎える人もいる。

聞く耳をもつ、聞思《もんし》の姿勢は、自我を超えて救済の光がその人を照らす救いの道である。

聞法求道《もんぼうぐどう》を言うが、私たちは自見に執着しがちであるが、仏法を聴聞する、仏法の真髄をよく理解する即入《じきにゅう》によって阿弥陀仏の影と形の如くの御加護、加被力《かびりき》に護られ、人生行路を無事進むことができるのである。聞思修《もんししゅう》、聞く耳をもつ聞思の道は、健康長寿にとっても大切な心得と言えるであろう。

我を張り通す、我執病にかからぬことである。

あとがき

久しぶりに有縁の人々におめにかかると、髪は白髪、歩く姿も若い時と違い、歩幅も小さく、お年寄り歩き、皆老いを迎えていることに驚く。

久しぶりに会った同級生に「君、随分年をとったのでは」と思わず口ずさむと「君も年をとったなぁ」と、共に高齢者であることを自覚させられる返答が返ってくる。

今年七月七十六才を迎える。あと何年生きられるだろうか。日本人は、年令を気にする。生涯現役といわれる住職道や学園の理事長という私の仕事も、次世代へのバトンタッチ迄長くてもあと十年か、後継者を育てる段階を迎えていることを自覚している今日この頃である。人生行路には、皆それぞれ「生きられる時間」が決まっており天寿がある。

後継者に、大切な心の継承等念仏の相続、智慧の伝授を願っている一老僧でもある。

寺や教育事業、敬老事業等万般、次世代に安泰に継承されることが寺の檀信徒や地域の人々にとっても大切であろう。十年生きられたとしても、体力もあり、八十五歳で隠居生活をせざるを得ぬ状況になるのではないか、と思量している。孫や子供に多く恵まれ、皆それぞれしっかりしていて活躍をしている。そのことには有難く感謝しているが、心の継承、事業の継承が次世代にうまくいくか。どの家庭にあっても大切な課題であろう。

後継者の育成ここに問題点があろう。どの職種も同じであろう。

十年と決めても精神力はともあれ、体力がもつか。

人間の寿命、高齢人生への突入は、未知への生存の領域である。

わが家のみならず、どの家庭にあっても子供、孫の世代に世相は、受け継がれていく。忘れてはならぬ伝播せねばならぬ大切な叡智もあるはずである。『孫・子の世に贈る仏教入門』先人の智慧に学ぶ成功の道しるべを副題として、その入門編の論述を試みた。少々難しかったかな。

伝えたいことは多々あるが、初心を忘れず、貫き生きる不退転位の姿勢が何よりも大切で、それは成功の道しるべ、継続は力なのかもしれない。

大切なことを忘れぬように、孫、子の世に「贈る言葉」として著わした「一老僧弘如語録」である。繰り返し読んでもらいたいと思う。

祖父や父母は篤信者であった。孫・子は、経済一辺倒の経済合理主義者、無信仰と言うのでは残念至極である。

願わくば、親鸞聖人同様、信仰心を大切にして九十歳まで元気で生きられたらと、二一世紀長寿社会に望みを託すのである。散歩など運動が長寿の秘訣のようで、今後健康を保つ、歩くことを基本と共に心がけたいと思う。癌早期発見を含めた健康診断も受けて、禁煙・お酒は程々に何よりも健康を大切に皆が長寿の人生であることを念じたいと思う。

晩年の親鸞聖人は、筆をとり著述に専念する大器晩成の日々であった。

四才で父を七才で母を喪くし人生の重要テーマは、生死度脱の道をどう超克するか。解決道を求めた一生であられた。

念ずれば花開く。正覚、本願、念仏の道に生死度脱の救済道がある。

生きられる時間が或る意味で決まっているわれらの人生である。平生業成の道に、解決の叡智がある。時間を大切に専修専念し、念願成就の花咲く希望の道を進むこと。親鸞ファンの一人として、われらの、生き方を学び貫くことになろう。

『孫・子の世に贈る仏教入門』続編の論述を希望し、今は序説として、仏法弘まれと念じつつ筆を置くこととする。

令和元年十二月一日

阿弥陀寺書斎にて　著者識す。

参考文献

『浄土教思想の研究』　藤吉慈海著（平楽寺書店　一九八二年）
『南無阿弥陀仏の論理』梶村昇著（毎日新聞社　昭和六〇年）
『親鸞聖人の宗教』金子大栄著（無我山書房　大正五年）
『真宗聖典』金子大栄編（法蔵館　昭和三五年）
『意訳　真宗聖典』宗祖列祖の部（法蔵館　大正一二年）

著者略歴
宇野　弘之（うの　ひろゆき）
1944年　愛知県生まれ。宗教哲学者
1969年　東洋大学大学院文学研究科修士課程修了
1972年　同大学院博士課程でインド学仏教学を専攻研鑽
【宗教法人】浄土真宗　霊鷲山　千葉阿弥陀寺住職　千葉市中央区千葉寺町33
【学園】阿弥陀寺教育学園・宇野学園理事長

主な著作
『大無量寿経講義』『阿弥陀経講義』『観無量寿経講義』『正信念仏偈講義』『十住毘婆沙論易行品講義』『釈尊に聞く仏教の真髄』『盂蘭盆経を読む　彼岸への道』『極楽浄土念仏往生論』『如来二種廻向文』を読む『唯信鈔』を読む『国家Identity人命救助論序説』『浄土文類聚鈔』を読む『日本仏教民衆救済史』（山喜房佛書林）、『孫・子に贈る親鸞聖人の教え』（中外日報社発行、法蔵館発売）、『蓮如　北陸伝道の真実』『蓮如の福祉思想』『蓮如の生き方に学ぶ』（北國新聞社）、『「心の病」発病のメカニズムと治療法の研究』Ⅰ、Ⅱ、Ⅲ『親鸞聖人の救済道』『晩年の親鸞聖人』『無宗教亡国論』『恵信尼公の語る親鸞聖人』『ストップ・ザ・少子化』（国書刊行会）

孫・子の世に贈る仏教入門
先人の智慧に学ぶ成功の道しるべ

2020年3月16日　初版発行

著　者　宇　野　弘　之
発行者　吉　山　利　博
印刷者　小　林　裕　生

発行所　株式会社　山　喜　房　佛　書　林
〒113-0033　東京都文京区本郷5-28-5
電話 03-3811-5361　FAX 03-3815-5554

ISBN978-4-7963-0518-1　C1015